KÖNIGS ERLÄUTERUNGEN

Band 309

Textanalyse und Interpretation zu

Uwe Johnson

INGRID BABENDERERDE. REIFEPRÜFUNG 1953

Marion Lühe

Alle erforderlichen Infos für Abitur, Matura, Klausur und Referat plus Musteraufgaben mit Lösungsansätzen

Zitierte Ausgaben:
Uwe Johnson: *Ingrid Babendererde. Reifeprüfung 1953*. Frankfurt am Main: Suhrkamp, 12. Aufl. 2013 [1985].

Über die Autorin dieser Erläuterung:
Marion Lühe studierte Geschichte und Germanistik in Göttingen und Berlin und wurde 1995 mit einer Arbeit über den venezianischen Adel am Ende der Republik promoviert. Sie lebt als freie Publizistin in Berlin und veröffentlichte u. a. ein Buch über öffentliche Meinung und Demoskopie.

Hinweis:
Die Rechtschreibung wurde der amtlichen Neuregelung angepasst. Johnson-Zitate folgen der zitierten Suhrkamp-Ausgabe.

Das Werk und seine Teile sind urheberrechtlich geschützt. Jede Verwertung in anderen als den gesetzlich zugelassenen Fällen bedarf der vorherigen schriftlichen Einwilligung des Verlages. Hinweis zu § 52 a UrhG: Die öffentliche Zugänglichmachung eines für den Unterrichtsgebrauch an Schulen bestimmten Werkes ist stets nur mit Einwilligung des Berechtigten zulässig.

2. Auflage 2016
ISBN: 978-3-8044-2023-6
PDF: 978-3-8044-6023-2, EPUB: 978-3-8044-7023-1
© by Bange Verlag GmbH, 96142 Hollfeld
Alle Rechte vorbehalten!
Titelabbildung © Henner Damke/fotolia.com
Druck und Weiterverarbeitung: Tiskárna Akcent, Vimperk

INHALT

1. DAS WICHTIGSTE AUF EINEN BLICK – SCHNELLÜBERSICHT ... 6

2. UWE JOHNSON: LEBEN UND WERK ... 11

2.1 Biografie ... 11
2.2 Zeitgeschichtlicher Hintergrund ... 18
    Die DDR in den 1950er Jahren ... 18
    Junge Gemeinde und FDJ ... 20
2.3 Angaben und Erläuterungen zu wesentlichen Werken ... 23

3. TEXTANALYSE UND -INTERPRETATION ... 26

3.1 Entstehung und Quellen ... 26
3.2 Inhaltsangabe ... 31
3.3 Aufbau ... 45
3.4 Personenkonstellation und Charakteristiken ... 49
    Die Schüler und Lehrer der 12 A ... 50
    Schüler und Lehrer ... 51
    Die Stadtgemeinschaft gegen die Staatsvertreter ... 52
    Die Hauptfiguren ... 54
3.5 Sachliche und sprachliche Erläuterungen ... 62
3.6 Stil und Sprache ... 87
3.7 Interpretationsansätze ... 97

4. REZEPTIONSGESCHICHTE 103

5. MATERIALIEN 105

6. PRÜFUNGSAUFGABEN 110
MIT MUSTERLÖSUNGEN

LITERATUR 122

STICHWORTVERZEICHNIS 125

1. DAS WICHTIGSTE AUF EINEN BLICK – SCHNELLÜBERSICHT

Damit sich jeder Leser in unserem Band rasch zurechtfindet und das für ihn Interessante gleich entdeckt, folgt hier eine Übersicht.

Im zweiten Kapitel beschreiben wir **Uwe Johnsons Leben** und stellen den **zeitgeschichtlichen Hintergrund** dar:

S. 11 ff.
→ Uwe Johnson lebte von 1934 bis 1984 und siedelte 1959 von der DDR nach Westberlin über.

S. 18 ff.
→ Die Zeit ist geprägt vom Kalten Krieg und in der DDR vom „Aufbau des Sozialismus" nach sowjetischem Vorbild, von verstärkter Repression und politischer Verfolgung. Zwar begann nach Stalins Tod 1953 eine Phase der Entspannung; Andersdenkenden aber drohten nach wie vor Strafen und Gefängnis. Zu Beginn der fünfziger Jahre, als die deutsch-deutsche Grenze noch durchlässiger war, flohen viele Menschen in den Westen.

S. 23 ff.
→ *Ingrid Babendererde* ist der erste Roman Uwe Johnsons, der allerdings erst postum 1985 erschien. Der Autor entwickelt darin bereits viele Erzähltechniken und Motive, die seine späteren Werke auszeichnen.

Im dritten Kapitel bieten wir eine **Textanalyse und -interpretation**:

Ingrid Babendererde. Reifeprüfung 1953 – Entstehung und Quellen:

S. 26 ff.
Uwe Johnson schrieb die erste Fassung von *Ingrid Babendererde* bereits 1953 im Alter von 19 Jahren. In den folgenden Jahren arbeitete er das Manuskript mehrfach um. 1956 beendete er die vierte und letzte Fassung des Romans. Nachdem alle angeschriebenen Verla-

ge in Ost- und Westdeutschland eine Veröffentlichung ablehnten, blieb der Roman zunächst unveröffentlicht und erschien erst 1985 in Westdeutschland bei Suhrkamp aus dem Nachlass des Autors.

In dem Roman verarbeitete der Autor eigene Erfahrungen als Schüler und Student mit der SED und FDJ. Eine weitere Inspirationsquelle war Thomas Manns Erzählung *Tonio Kröger*.

Inhalt:

Ende Mai 1953. In einer Kleinstadt in Mecklenburg bereiten sich die Schüler der 12 A auf ihre bevorstehende Abiturprüfung vor, unter ihnen auch das Liebespaar Klaus und Ingrid und ihr gemeinsamer Freund Jürgen. Wie ihre Klassenkameraden und auch manche unter den Lehrern betrachten die drei Freunde die zunehmende Politisierung des Schulalltags und die Verknüpfung des Lernstoffs mit sozialistischer Propaganda skeptisch. Als eine Mitschülerin in Konflikt mit der Leitung der sozialistischen Jugendorganisation FDJ gerät, weil sie zugleich Mitglied der kirchlichen Jungen Gemeinde ist, sind die drei Freunde gezwungen, Stellung zu beziehen. Von Direktor Siebmann, einem strammen Parteigenossen, dazu aufgefordert, vor den versammelten Schülern und Lehrern der Gustav Adolf-Oberschule einen Diskussionsbeitrag zur Jungen Gemeinde zu liefern, hält Ingrid eine Rede – allerdings nicht im Sinne des Direktors. Vielmehr plädiert sie dafür, die Schüler sollten die Klamotten und die Abzeichen tragen und die Bücher lesen dürfen, die ihnen gefallen. Trotz des tosenden Beifalls der Schüler stimmt die Mehrheit von ihnen in der anschließenden Abstimmung für Ingrids Schulausschluss. Zusammen mit Klaus, unterstützt von Jürgen, verlässt Ingrid ihre Heimat und flieht nach Westberlin.

⇨ S. 31 ff.

Aufbau:

⇨ S. 45 ff.

Ingrid Babendererde beginnt sozusagen mit dem Ende der Geschichte: Die kurzen, kursiv gedruckten Passagen, die den vier großen Hauptkapiteln des Romans vorangestellt sind, handeln von Klaus' und Ingrids Flucht in den Westen. Wie es dazu kam, was dazu geführt hat, erfährt der Leser erst nach und nach. Die eigentliche Romanhandlung schildert die Ereignisse der vier Tage, die der Flucht vorangingen, und enthält zudem eine längere Rückblende auf den Beginn der Freundschaft zwischen den beiden Jugendlichen. Die vielfachen Orts-, Zeit- und Perspektivwechsel spiegeln auf formaler Ebene die Brüchigkeit der Lebensläufe wider, von denen der Roman erzählt.

Personen:

Die Hauptpersonen sind:

Ingrid Babendererde:

⇨ S. 54 ff.
→ ist eine schöne junge Frau und zugleich eine spitzbübische Göre,
→ hat ein großes Bedürfnis nach Aufrichtigkeit,
→ kann Menschen überzeugen,
→ ist vertrauensvoll und bodenständig.

Klaus Niebuhr:

⇨ S. 57 f.
→ hat sich früher in der Politik und der FDJ engagiert,
→ hegt eine tiefe Skepsis gegen Worte und Parolen,
→ spricht selbst nur in ironischer Weise,
→ hält sich am liebsten auf seinem Segelboot und in der Natur auf.

Jürgen Petersen:
→ ist mit Klaus befreundet und liebt Ingrid, ⇨ S. 58 f.
→ ist vom Sozialismus überzeugt,
→ lehnt jedoch jede Form von Repression ab,
→ entscheidet sich, in der DDR zu bleiben, um sie zu verändern.

Unter den Nebenfiguren sind zwei Lehrer von großer Bedeutung:

Direktor Robert Siebmann:
→ genannt „Pius", ⇨ S. 59 ff.
→ ist ein junger, dynamischer und strammer SED-Genosse,
→ hat die Schule auf Parteilinie gebracht,
→ verkörpert das Auseinanderfallen zwischen sozialistischen Idealen und der Wirklichkeit.

Ernst Sedenbohm
→ ist „bürgerlicher" Herkunft und gegen die SED eingestellt, ⇨ S. 61
→ wird von seinen Schülern als Autorität anerkannt,
→ zeigt, wenn auch nicht offen, Solidarität mit Ingrid.

Wir stellen die drei Hauptpersonen ausführlich vor und gehen auch auf die Nebenfiguren näher ein.

Stil und Sprache:

In Johnsons *Ingrid Babendererde* herrscht eine auktoriale Erzählsituation vor. Allerdings wird das Geschehen immer wieder aus der Perspektive wechselnder Figuren erzählt, was die Identifikation des Lesers mit einer einzigen Person erschwert und ihn zum Mitdenken auffordert. Der Roman zeichnet sich durch eine knappe, lakonische, zugleich aber poetische, bisweilen fast manierierte Sprache aus. Auffallend sind eine eigenwillige Syntax und Ortho- ⇨ S. 87 ff.

grafie sowie Anleihen aus der Umgangssprache, dem offiziellen DDR-Sprachjargon und auch der Bibel. In den Dialogen zwischen Schülern, Familienmitgliedern und Nachbarn verwendet Johnson häufig den niederdeutschen Dialekt, wenn Vertrautheit und Nähe zwischen den Personen herrscht. Dagegen steht das Hochdeutsche, das unter Parteimitgliedern und im Schulunterricht gesprochen wird, für Entfremdung und politische Sprachindoktrination.

Interpretationsansätze:

⇨ S. 97 ff.

Wir bieten einen Überblick über die neuere Forschung zu *Ingrid Babendererde* und gehen dabei besonders ein auf:
→ den Konflikt zwischen Staat und Individuum,
→ die Tradition des Schul- und des Heimatromans,
→ Johnsons Sprachkritik als Ideologiekritik.

2. UWE JOHNSON: LEBEN UND WERK

2.1 Biografie

JAHR	ORT	EREIGNIS	ALTER
1934	Cammin (heute Kamień Pomorski in Polen)	20. Juli: Geburt von Uwe Johnson als erstes Kind von Erna und Erich Johnson, Enkel eines schwedischen Einwanderers. Erich Johnson ist Landwirt und Gutsinspektor in Anklam. Seine Mutter, eine Bauerntochter, reist zur Geburt des Kindes nach Pommern zu ihren Eltern. Wenige Tage nach der Geburt kehrt sie mit dem Säugling zurück ins vorpommersche Anklam. Dort wird 1939 Uwe Johnsons Schwester Elke geboren.	
1940	Anklam	März: Johnson wird eingeschult. Wenige Tage zuvor ist sein Vater der NSDAP beigetreten.	5
1944	Kosten (heute Kościan in Polen)	Ab dem Sommer wird der begabte Fünftklässler Johnson auf eine deutsche, von der SS kontrollierte staatliche Oberschule geschickt. Durch seine Leseleidenschaft wird er in dem auf Körperertüchtigung und militärischen Drill spezialisierten Internat rasch zum Außenseiter und leidet unter der Trennung von der Familie.	9
1945	Anklam Recknitz bei Güstrow	Februar: Die sowjetische Armee rückt bis kurz vor Kosten vor, und die Heimschule schließt. Johnson kehrt in einem Flüchtlingstreck nach Anklam zurück. April: Die Familie flieht vor der Roten Armee und findet Unterschlupf bei Verwandten in Recknitz. Bei seiner Rückkehr nach Anklam wird der Vater verhaftet und in einem sowjetischen Lager interniert, aus dem er nicht mehr zurückkehren wird.	10

Uwe Johnson (1934–1984)
© ullstein bild – Heinz Köster

2.1 Biografie

JAHR	ORT	EREIGNIS	ALTER
1946	Güstrow	Im Sommer zieht Johnson mit der Mutter und der Schwester nach Güstrow in Mecklenburg-Vorpommern, wo er die Zentralschule besucht.	11
1948	Güstrow	September: Johnson wechselt auf die John-Brinckman-Oberschule. Unter seinen Mitschülern gilt er als hochintelligent und sehr belesen, aber auch verschlossen. Sein Vater ist offiziell für tot erklärt worden.	14
1949	Güstrow	März: Entsetzt über die Nazi-Verbrechen wird Johnson Mitglied im Kulturbund zur demokratischen Ordnung Deutschlands. September: Johnson tritt der Freien Deutschen Jugend (FDJ) bei und steigt zum Organisationsleiter der Schulgruppenleitung auf. Von der im Oktober gegründeten DDR verspricht er sich Frieden und Gerechtigkeit.	15
1950	Güstrow	September: Einige Mitschüler Johnsons, die auf Flugblättern freie Wahlen in der DDR gefordert haben, werden in einem Schauprozess zu langjährigen Zuchthausstrafen verurteilt. Johnson beginnt den diktatorischen Charakter der DDR zu erkennen.	16
1951	Güstrow	September: Rücktritt von seinem Amt als FDJ-Funktionär mit der Begründung, mehr Zeit zum Lernen zu brauchen.	17
1952	Rostock	September: Nach seinem Abitur (Durchschnittsnote: 2,2) nimmt Johnson an der Universität Rostock das Studium der Germanistik auf. Zu den Pflichtfächern zählen unter anderem Grundlagen des Marxismus-Leninismus, und auch in der Literaturwissenschaft stehen ideologische Fragen im Vordergrund.	18

2.1 Biografie

JAHR	ORT	EREIGNIS	ALTER
1953	Rostock	Mai: Auf einer Protestveranstaltung nimmt Johnson als FDJ-Redner die Junge Gemeinde der evangelischen Kirche in Schutz, die sich einer großangelegten Hetzkampagne der SED und FDJ ausgesetzt sieht. Hunderte von Schülern und Studenten werden verhaftet und auf Schauprozessen verurteilt. Zwar ist Johnson keineswegs DDR-Gegner oder Anhänger der Kirche, doch das Vorgehen der Partei verletzt seinen ausgeprägten Gerechtigkeitssinn. Zwar geht die Angelegenheit glimpflich aus und er darf weiterstudieren, doch das Thema des Verrats beschäftigt Johnson noch lange weiter. Er beginnt mit der Niederschrift von *Ingrid Babendererde*.	18
1954	Leipzig	September: Wechsel an die Universität Leipzig, wo Johnson u. a. bei Hans Meyer studiert. Der brillante Redner und Kenner der modernen Literatur, der sich wenig um ideologische Vorgaben kümmert, wird zum Förderer und Mentor Johnsons. In der weltoffeneren Stadt Leipzig findet er auch gleichgesinnte, literaturinteressierte Freunde und lernt seine spätere Ehefrau, die Studentin Elisabeth Schmidt, kennen.	20
1956	Leipzig	Juli: Studienabschluss mit einer Diplomarbeit über Ernst Barlach. Da Johnson keine Stelle findet, schlägt er sich mit Gelegenheitsarbeiten für Verlage und als Übersetzer durch und lebt abwechselnd bei Freunden. November: Nach einer kurzen Phase der Entspannung verschlechtert sich das politische Klima in der DDR wieder. Johnsons Mutter und seine Schwester fliehen in den Westen.	22

2.1 Biografie

JAHR	ORT	EREIGNIS	ALTER
1957	Leipzig	Juli: Der Suhrkamp-Verlag lehnt eine Veröffentlichung von *Ingrid Babendererde* ab. Johnson beginnt seinen Roman *Mutmassungen über Jakob*	23
1959	Berlin	10. Juli: Johnson fährt mit der Stadtbahn nach Westberlin und kehrt nicht mehr in den Osten zurück. Seine Flucht versteht er Zeit seines Lebens als „Umzug".	24
		Oktober: Veröffentlichung von *Mutmassungen über Jakob* im Suhrkamp-Verlag rechtzeitig zur Buchmesse. Teilnahme an einer Tagung der Gruppe 47, wo Johnson u. a. Hans Werner Richter, Ingeborg Bachmann und Günter Grass kennenlernt.	25
1960	Berlin	März: Johnson gewinnt den Fontane-Preis der Stadt Berlin.	25
1961	USA	20. April bis 22. August: Reise durch die USA mit einem Vortrag über die Bedingungen des Schreibens im geteilten Berlin. Als am 13. August der Mauerbau beginnt, kann Johnsons Freundin Elisabeth Schmidt nicht mehr nach Westberlin zu Besuch kommen.	
	Berlin	September: *Das dritte Buch über Achim* erscheint und erfährt große Aufmerksamkeit in der Presse. Johnson wird nun in der Öffentlichkeit endgültig als „Dichter der beiden Deutschland" wahrgenommen. November: Der angesehene Dichter Hermann Kesten bezichtigt Johnson, er habe den Bau der Berliner Mauer gerechtfertigt. Johnson, der in einer Diskussion lediglich den Mauerbau nüchtern auf die ökonomische Notlage der DDR zurückgeführt hatte, sieht sich in der darauf folgenden Debatte heftigen öffentlichen Attacken ausgesetzt.	

2.1 Biografie

JAHR	ORT	EREIGNIS	ALTER
1962	Rom	Januar: Johnson tritt sein Stipendium in der Villa Massimo an. Im Februar gelingt Elisabeth Schmidt die Flucht aus der DDR in den Westen. Die beiden heiraten und bleiben bis September zusammen in Rom, wo Johnson die Bekanntschaft von Ingeborg Bachmann und Max Frisch macht. 20. November: Tochter Katharina Elisabeth wird geboren.	27
1966	New York	Juni: Johnson nimmt das Angebot der Verlegerin Helen Wolff einer Stelle als Schulbuchlektor bei Harcourt, Brace & World an. Mit seiner Frau und Tochter zieht er in die Upper Westside von Manhattan. Hier beginnt er mit der Arbeit an seinem Roman *Jahrestage. Aus dem Leben von Gesine Cresspahl*, der ihn noch viele Jahre beschäftigen wird.	32
1968	Berlin	23. August: Rückkehr der Familie Johnson nach Westberlin. Wenige Tage zuvor sind die Truppen des Warschauer Paktes in Prag einmarschiert. Johnsons Hoffnungen auf eine Reform des Sozialismus sind zerstört. Dem politischen Engagement seiner Schriftstellerkollegen, etwa von Günter Grass, steht er skeptisch gegenüber.	34
1970	Berlin	Trotz aller Schwierigkeiten, die Johnson mit der Fertigstellung der *Jahrestage* hat, erscheint im Oktober der erste Teil.	36
1971	Berlin	Januar: Lektorat von Max Frischs *Tagebuch 1966-1971*.	36
	New York	Von September bis Oktober reist Johnson nach New York, wo er bei Hannah Arendt wohnt.	37

2.1 Biografie

JAHR	ORT	EREIGNIS	ALTER
	Berlin	Oktober: Veröffentlichung des zweiten Teils von *Jahrestage*. Johnson erhält den Georg-Büchner-Preis der Deutschen Akademie für Sprache und Dichtung.	
1972	Mecklenburg	April: Johnson erhält erstmals wieder die Erlaubnis, in die DDR einzureisen. Auf weiteren Reisen trifft er sich mit Schriftstellern jenseits der Mauer wie Christa Wolf und Günter Kunert.	37
1973	Klagenfurt	Oktober: Johnson reist auf den Spuren der am 17. Oktober 1973 verstorbenen Dichterin Ingeborg Bachmann in ihre Heimatstadt Klagenfurt. Kurz zuvor ist Teil drei der *Jahrestage* erschienen.	39
1974	Sheerness-on-Sea, Kent	Oktober: Mit seiner Familie zieht Johnson ins südenglische Sherness-on-Sea, wo er mit einem Darlehen von Max Frisch ein Haus gekauft hat. Berlin wie auch das politische Engagement vieler deutscher Schriftsteller nach der Verhaftung der RAF-Terroristen Andreas Bader, Gudrun Ensslin und Ulrike Meinhof bleiben ihm fremd. Kurz zuvor hat er den letzten, allerdings noch unvollständigen Teil der *Jahrestage* an den Suhrkamp Verlag geschickt.	40
1975	Sheerness-on-Sea	18. Juni: Johnson erleidet einen Herzinfarkt. Oktober: Wilhelm-Raabe-Preis für das immer noch unvollendete Werk *Jahrestage*. Durch die Krankheit und Eheprobleme gerät Johnson in eine Schreibkrise. Er arbeitet nun an einem neuen Projekt, *Marthas Ferien*, das teils an *Ingrid Babendererde* anknüpft und Fragment bleibt.	40
1978	Sheerness-on-Sea	Im Sommer trennt sich Johnson von seiner Frau Elisabeth.	44

2.1 Biografie

JAHR	ORT	EREIGNIS	ALTER
1979	Lübeck	25. März: Thomas-Mann-Preis der Hansestadt Lübeck.	44
1980		*Begleitumstände. Frankfurter Vorlesungen* erscheinen	45
1983	Frankfurt	Oktober: Der vierte und letzte Teil der *Jahrestage* erscheint im Suhrkamp-Verlag. Erschöpft durch den Presserummel und die Lesereisen, aber auch durch hohen Tabletten- und Alkoholkonsum geschwächt, erkrankt Johnson an einer Bronchitis.	49
1984	Sheerness-on-Sea	12. März: Nachdem Freunde länger nichts mehr von ihm gehört haben, wird Uwe Johnson tot in seinem Haus gefunden. Vermutlich ist Johnson zwei Wochen vorher infolge einer Herzerkrankung gestorben.	49

2.2 Zeitgeschichtlicher Hintergrund

2.2 Zeitgeschichtlicher Hintergrund

ZUSAMMEN-FASSUNG

Wichtig für das Verständnis von Johnsons Roman sind
→ der Aufbau des Sozialismus nach sowjetischem Muster in der DDR ab 1952,
→ die neue Schulpolitik,
→ der „Kirchenkampf" ab dem Frühsommer 1953,
→ die Phase der Entspannung nach Stalins Tod.

Die DDR in den 1950er Jahren

Höhepunkt des Kalten Krieges

Im **Spätsommer 1952**, als Uwe Johnson an der Rostocker Universität das Studium der Germanistik aufnahm, erreichte der sogenannte Kalte Krieg zwischen Ost und West einen Höhepunkt. Die engere Bindung der Bundesrepublik an den Westen hatte zu einer stärkeren Anlehnung der DDR an die Sowjetunion geführt. Auf dem 2. SED-Parteitag im Juli des Jahres hatte der mächtigste SED-Funktionär Walter Ulbricht unter frenetischem Applaus den

Aufbau des Sozialismus in der DDR

planmäßigen „Aufbau des Sozialismus" nach sowjetischem Vorbild angekündigt. Um die endgültige Teilung Deutschlands voranzutreiben, hatte die DDR-Führung Grenzsperren errichtet, Personenkontrollen an den innerdeutschen Grenzübergängen eingeführt und die Reisemöglichkeiten beschränkt. Zugleich sollten der Ausbau der Armee, eine große Verwaltungsreform, der Umbau von Industrie, die Kollektivierung der Landwirtschaft, der Kampf gegen selbstständige Handwerker und Unternehmer und vieles mehr dazu beitragen,

Schulreform

das Ziel eines kommunistischen Staates zu verfestigen. Auch die Schulen und Hochschulen waren von den Reformen betroffen. Der Beschluss vom 29. Juli 1952 „Zur Erhöhung des wissenschaftlichen Niveaus des Unterrichts und zur Verbesserung der Parteiarbeit

2.2 Zeitgeschichtlicher Hintergrund

an den allgemeinbildenden Schulen" sah eine Neubearbeitung der Lehrpläne und -bücher vor. Das allgemeine Bildungsziel wurde neu formuliert. Hatte es 1946 noch geheißen, das Erziehungsziel sei es, die Schüler im Geiste einer „echten Demokratie" zu „selbstständig denkenden und verantwortungsbewusst handelnden Menschen zu erziehen", sollten sie nun als „junge Erbauer des Sozialismus"[1] entsprechend vorbereitet werden. Auch für die Lehrer hatte das Folgen. Fortan wurden **Parteizugehörigkeit und marxistisch-leninistische Deutung des Lehrstoffes** in allen Unterrichtsfächern vorausgesetzt.

Obgleich die Besorgnis in der Bevölkerung angesichts der Unterdrückung Andersdenkender, der zunehmenden Militarisierung und drohenden Enteignungen zu Beginn der fünfziger Jahre wuchs und Hunderttausende DDR-Bürger in den Westen flohen[2], verfolgte die Regierung ihr Ziel mit unerbittlicher Strenge und stalinistischem Terror. Nicht-kommunistische Parteien und Organisationen, auch religiöse, wurden gleichgeschaltet, und jeder Widerstand wurde im Keim erstickt. Die evangelische und die katholische Kirche wehrten sich gegen staatliche Übergriffe und konnten sich ihre Eigenständigkeit weitgehend bewahren. Dabei war die Jugendarbeit der evangelischen Kirche von besonderer Bedeutung. Gerade die kirchlichen Gruppen der Jungen Gemeinde boten Jugendlichen eine Alternative zu der staatlichen Organisation der Freien Deutschen Jugend.

Flucht vieler DDR-Bürger in den Westen

---

[1] Zitiert nach: Gansel, *es sei EINFACH*, S. 52.
[2] Nach Hermann Weber flüchteten allein im ersten Halbjahr 1953 über 225.000 Menschen aus der DDR. Vgl. Weber, S. 164.

2.2 Zeitgeschichtlicher Hintergrund

Junge Gemeinde und FDJ

Unliebsame Jugendorganisation der evangelischen Kirche

Im Zuge des verstärkten „Aufbaus des Sozialismus" geriet die Junge Gemeinde, wie sich die evangelische Jugend innerhalb einer evangelischen Kirchgemeinden nannte, als Konkurrent zur staatlich-kommunistischen Jugendorganisation FDJ (Freie Deutsche Jugend) seit 1949 immer stärker unter Druck. Man unterstellte ihr von Seiten des DDR-Staates, sie handle im Interesse des „anglo-amerikanischen Imperialismus"[3], spalte die Jugend im Osten des Landes und entfremde sie der FDJ. Nicht nur an den weltlichen Veranstaltungen der Jugendgruppe wie etwa Laienspielen und Wanderungen, auch an ihrem Abzeichen, einer Weltkugel mit einem Kreuz darüber, störten sich die staatlichen Stellen. Bereits 1949 waren alle Veranstaltungen der Jungen Gemeinde für anmeldepflichtig erklärt worden. Die Jahrestreffen und Ferienlager der Jungen Gemeinde fanden indes weitgehend störungsfrei statt, sogar eine Doppelmitgliedschaft in der Kirchengruppe und der FDJ war anfangs erlaubt. Erst nachdem die Junge Gemeinde seit 1951 – auch aufgrund ihres attraktiven Freizeitangebotes – einen immer stärkeren Zulauf erlebte und zu einem ernstzunehmenden Konkurrenten der FDJ heranwuchs, bezichtigte man sie antidemokratischer Tendenzen und unlauterer Werbemethoden. Die FDJ, die den Alleinvertretungsanspruch der Jugend erhob, sah sich in ihrer Aufgabe, junge Menschen im Sinne des Sozialismus zu indoktrinieren und zum Aufbau der DDR-Gesellschaft zu mobilisieren, massiv gestört. Zudem litt die Organisation unter zunehmender Bürokratisierung und der wachsenden Entfremdung zwischen Mitgliedern und Funktionären.

Verschärfung des Kirchenkampfes

Da sich alle Maßnahmen zur Eindämmung der kirchlichen Jugendarbeit als wirkungslos erwiesen hatten, griff die SED-Führung im Frühjahr 1953 zu härteren Mitteln. Walter Ulbricht erhob den

---

3 Zitiert nach: Wentker, S. 97.

2.2 Zeitgeschichtlicher Hintergrund

(unbegründeten) Vorwurf, westdeutsche und amerikanische Agenten, getarnt als Vertreter der Jungen Gemeinde, seien an verschiedenen Schulen und Universitäten in die FDJ-Leitung eingeschleust worden. Im Zuge der Ausrichtung der DDR-Politik an der des Sowjetführers Josef Stalin verschärfte sich der „Kirchenkampf": Kirchliche Ferienlager wurden aufgelöst, Veranstaltungen verboten oder behindert, Pfarrer und Leiter der Jungen Gemeinde öffentlich als sogenannte Volksfeinde entlarvt. Zugleich erhielt die FDJ Anweisung, ihre Arbeit vor allem an den Oberschulen, wo sich die Junge Gemeinde großer Beliebtheit erfreute, zu intensivieren und die Schüler über die angeblich kriegshetzerischen, reaktionären Ziele der Kirchengruppen aufzuklären. Nicht nur die Leiter, sondern alle Mitglieder der Jungen Gemeinde standen nun unter dem Generalverdacht der Spionagetätigkeit und wurden genau beobachtet.

Auf Anordnung der FDJ-Führung vom April 1953 sollten alle Schüler die „feindlichen Elemente in ihrer Schule entlarven und entfernen"[4]. Die Mitgliedschaft in der FDJ galt nunmehr als unvereinbar mit der Mitgliedschaft in der Jungen Gemeinde. Die Generalstaatsanwaltschaft erhielt die Weisung, Schauprozesse gegen Mitglieder der kirchlichen Jugendgruppen einzuleiten. Auf Schülervollversammlungen an Oberschulen griffen FDJ-Funktionäre, oftmals in Gestalt von Schülern oder Lehrern, junge Christen an und forderten sie auf, sich von der Jungen Gemeinde loszusagen. Wer sich – wie Hunderte von Schülern – dieser Aufforderung widersetzte, wurde nach einer Abstimmung von der Schule verwiesen. An den Hochschulen, darunter auch die Rostocker Universität, an der Uwe Johnson studierte, gab es ähnliche Aktionen, offenbar aber mit weniger Erfolg, da die Junge Gemeinde unter Studenten fester verankert war als die FDJ.

Generalverdacht der Spionagetätigkeit

---

[4] Zitiert nach: ebd., S. 114.

2.2 Zeitgeschichtlicher Hintergrund

Phase der Entspannung nach Stalin Tod 1953

Nach dem Tod Stalins im März 1953 und der Etablierung einer neuen sowjetischen Führung wurde der „Kirchenkampf" in der DDR im Juni des Jahres auf Geheiß Moskaus eingestellt. Der ein Jahr zuvor auf der zweiten Parteikonferenz der SED eingeschlagene stalinistische Kurs wurde nun auch offiziell scharf kritisiert. Nach den Verhärtungen des Kalten Krieges herrschte erst einmal politisches Tauwetter. Die SED nahm die kirchenfeindlichen Maßnahmen wieder zurück. Damit waren die offen ausgetragenen Auseinandersetzungen zwischen FDJ und Junger Gemeinde zwar beendet, das Verhältnis zwischen beiden blieb aber während der fünfziger Jahre weiterhin angespannt.

2.3 Angaben und Erläuterungen zu wesentlichen Werken

WERKE

Romane		Andere Prosa (Auswahl)	
1953–1956	*Ingrid Babendererde* (ersch. 1985)		
1959	*Mutmassungen über Jakob*		
1961	*Das dritte Buch über Achim*		
		Boykott der Berliner Stadtbahn (Essay)	1964
		Eine Kneipe geht verloren (Erzählung)	1965
		Über eine Haltung des Protestierens (Essay)	1967
1970	*Jahrestage 1*		
1972	*Jahrestage 2*		
1973	*Jahrestage 3*		
		Berliner Sachen. Aufsätze	1975
		Begleitumstände. Frankfurter Vorlesungen	1980
		Skizze eines Verunglückten	1982
1983	*Jahrestage 4*		

Die wichtigsten Texte Uwe Johnsons sind in recht ungleichmäßigem Abstand über die rund dreißig Jahre verteilt erschienen, in denen sein Werk entstand. Zwischen 1959 und 1965 legte Johnson in kurzer Folge mehrere Romane und Erzählungen vor, die seinen Ruf als einen der wichtigsten deutschen Schriftsteller der Gegenwart festigten. *Ingrid Babendererde*, obgleich seine erste literarische

Unregelmäßige Veröffentlichungen

2.3 Angaben und Erläuterungen zu wesentlichen Werken

Prosaarbeit, zählte nicht dazu. Die Zeit, so scheint es, war noch nicht reif für dieses Buch. Ein Verlag fand sich nicht, weder in der DDR noch in der BRD, und so plante Johnson – nach Abschluss des Studiums einstweilen arbeitslos – im Herbst 1956 bereits sein nächstes Buch. Nebenbei erledigte er freiberuflich für ein geringes Honorar Hilfsarbeiten für Verlage und auch literarische Übersetzungen aus dem Amerikanischen.

Mutmassungen über Jakob

Im Laufe von nur elf Monaten schrieb er 1958 seinen zweiten Roman *Mutmassungen über Jakob* nieder, das aus verschiedenen Perspektiven entworfene Bild eines DDR-Reichsbahnbeamten, der „immer quer über die Gleise gegangen"[5] ist und am Ende – ob versehentlich oder absichtlich bleibt offen – beim Überschreiten derselben unter eine Lokomotive gerät. Wie für *Ingrid Babendererde*, das war Johnson klar, würde er auch für seinen zweiten, ebenso kargen wie spröden Roman in der DDR, die sich in literarischer Hinsicht dem sozialistischen Realismus verpflichtet sah, keinen Verlag finden. Zudem hätte eine Veröffentlichung des Romans, der einige heikle Stellen über den Staatssicherheitsdienst enthielt, den Autor Kopf und Kragen kosten können – und so zog Johnson nach Westberlin.

Leben in der DDR als Hauptthema des Frühwerks

Der Roman *Mutmassungen über Jakob* erschien 1959 im Frankfurter Suhrkamp Verlag und brachte Johnson den Titel eines „Dichters der beiden Deutschland" ein. Wie schon sein Roman *Ingrid Babendererde* thematisieren auch die *Mutmassungen,* die nun als Johnsons Erstlingsroman galten, das Leben in der DDR unter den Bedingungen des Kalten Krieges und ideologischer Infiltration. In

Bezüge zwischen Johnsons Werken

den *Mutmassungen* begegnet uns auch erstmals Gesine Cresspahl, die weibliche Hauptfigur aus Johnsons zwischen 1970 und 1983 entstandenem, vierbändigem Hauptwerk *Jahrestage.* An ihr wird schon

---

5 Johnson, *Mutmassungen*, S. 7.

2.3 Angaben und Erläuterungen zu wesentlichen Werken

in diesem frühen Roman der Zwiespalt, den Johnson selbst erlebte und der sein gesamtes Werk durchzieht, sichtbar: Zwar ist sie aus der DDR weggezogen, dem Westen aber steht sie nicht minder kritisch gegenüber. Wie der tschechoslowakische Politiker Alexander Dubček und die Anhänger des „Prager Frühlings", der im August 1968 durch den Einmarsch der Warschauer-Pakt-Truppen gewaltsam beendet wurde, wünscht sich Gesine einen „Sozialismus mit menschlichem Antlitz". Auch zwischen den *Jahrestagen* und dem Ingrid-Roman gibt es zahlreiche Verweise und Querverbindungen: So ist Gesines Schwester mit einem der Niebuhr-Brüder verheiratet und lebt in einer Stadt namens „Wendisch Burg", die der namenlosen fiktiven mecklenburgischen Stadt, in der *Ingrid Babendererde* spielt, entspricht.

Nicht nur thematisch, auch in formaler Hinsicht haben Johnsons drei frühe Romane – von *Ingrid Babendererde* über die *Mutmassungen über Jakob* bis hin zu *Das dritte Buch über Achim*, das 1961 erschien – einiges gemein. In allen findet ein häufiger Wechsel der Erzählebenen und -perspektiven statt. Auf einen allwissenden Erzähler verzichtet Johnson oder zumindest spielt er ironisch damit wie in *Ingrid Babendererde* – und weist damit auf die Unzuverlässigkeit allen Wahrnehmens und Erzählens. Der Leser bekommt keine vorgefertigten (ideologischen) Wahrheiten präsentiert, sondern ist aufgefordert, sich selbst an der Wahrheitsfindung zu beteiligen. Eine eindeutige politische Stellungnahme – auch das kennzeichnet sein gesamtes Werk vom frühen Ingrid-Roman bis zu den *Jahrestagen* – lehnt Johnson stets ab: „Ein Geständnis, gerichtet an Freunde und Feinde auf der linken Seite: Ein Roman ist keine revolutionäre Waffe. Er bringt nicht unmittelbar politische Wirkung hervor."[6]

Formale Gemeinsamkeiten

„Ein Roman ist keine revolutionäre Waffe."

---

[6] Johnson, *Wenn Sie mich fragen*, S. 61.

3. TEXTANALYSE UND -INTERPRETATION

3.1 Entstehung und Quellen

ZUSAMMEN-
FASSUNG

→ 1953: Johnson schreibt die erste Fassung von *Ingrid Babendererde*.
→ 1954–56: Er arbeitet das Manuskript mehrfach um.
→ 1956: Johnson beendet die vierte und letzte Version des Romans.
→ 1956/57: Alle angeschriebenen Verlage lehnen eine Veröffentlichung ab.
→ 1985: Der Roman erscheint aus dem Nachlass Johnsons.

Johnson verarbeitet in dem Roman eigene Erfahrungen, die er während seiner Schul- und Studentenzeit mit der SED und FDJ erlebte. Inspirierend wirkte auch Thomas Manns Erzählung *Tonio Kröger*, zu der *Ingrid Babendererde* zahlreiche Parallelen aufweist.

Autobiografischer Hintergrund

Beim Verfassen seines ersten Romans hat Johnson unmittelbar aus eigenem Erleben geschöpft: „Man hat kein anderes Material als seine eigenen Erfahrungen"[7], sagte der Schriftsteller einmal in einem Interview. Wie Ingrid und ihre Klassenkameraden erlebte Johnson zu Beginn der fünfziger Jahre an seiner Schule eine verstärkte staatliche Kontrolle und Repression. Im September 1950 wurden in einem Schauprozess mehrere Schüler der **Güstrower**

---

7 Zitiert nach: Hoppe, S. 194.

3.1 Entstehung und Quellen

John-Brinckman-Oberschule, deren elfte Klasse Johnson damals besuchte, zu langjährigen Gefängnisstrafen verurteilt, nachdem sie für freie Wahlen eingetreten waren. Anschließend wurden die Vorkommnisse auf einer Schulveranstaltung, bei der alle Schüler der höheren Klassen anwesend sein mussten, besprochen. Ebenso wie seine Romanfigur Jürgen hatte Johnson, der anfangs noch Vertrauen in den neuen Staat setzte, zu jener Zeit eine herausragende Stellung in der FDJ inne. Er war **Organisationsleiter seiner FDJ-Klassengruppe** und musste Urteile über das gesellschaftliche Engagement seiner Mitschüler liefern. Ein Jahr später trat er als FDJ-Funktionär zurück – mit der Begründung, er benötige mehr Zeit für das Lernen.

In der Hetzkampagne gegen die Junge Gemeinde bezog der Rostocker Student Uwe Johnson knapp drei Jahre später wie seine Heldin Ingrid couragiert Stellung. Der Aufforderung durch die Freie Deutschen Jugend an ihren einstigen Funktionär, an der Universität eine Rede gegen die Junge Gemeinde zu halten, widersetzte er sich. Obgleich Johnson nichts mit der christlich-kirchlichen Jungen Gemeinde im Sinn hatte, nahm er die Religionsgemeinschaft in Schutz und bezichtigte die staatlichen Organe des mehrfachen Verfassungsbruches: Artikel 9 der Verfassung der DDR gewähre Meinungsfreiheit, Artikel 41 Glaubensfreiheit. Die Rede hatte eine Anklage u. a. wegen Boykotthetze, Missbrauchs der Geschichtswissenschaften und provokatorischen Auftretens zur Folge. Zwar kam Johnson – vermutlich aufgrund des nach Stalins Tod zu jener Zeit einsetzenden politischen Tauwetters – letztlich mit einem blauen Auge davon und durfte weiter studieren, doch der Vorfall wirkte in ihm fort. Seinen ersten Roman *Ingrid Babendererde*, an dem er während seines zweiten Studienjahrs arbeitete, nutzte er, wie der Autor selbst knapp dreißig Jahre später in seinen unter dem Ti-

Verteidigung der Jungen Gemeinde

Vorwurf des Verfassungsbruchs

3.1 Entstehung und Quellen

Einfluss Thomas Manns

tel *Begleitumstände* erschienenen Frankfurter Poetik-Vorlesungen erklärte, zur Auseinandersetzung mit diesen Vorkommnissen.[8]

Neben dem unmittelbaren Anlass gab es auch ein literarisches Erweckungserlebnis, das Johnson zum Schreiben anregte. In der Forschung herrscht heute Einigkeit über den immensen Einfluss, den Thomas Mann, insbesondere seine **Novelle *Tonio Kröger* (1903)**, auf dessen *Ingrid Babendererde* ausübte. Als „personifizierte(r) Außenseiter"[9] faszinierte die Figur des Tonio Kröger den siebzehnjährigen Uwe Johnson, der unter seinen Mitschülern als verschlossen galt und dessen Ironie gefürchtet war. In dieser Zeit erlebte er auch seine erste große – unerfüllte – Liebe, ein Grund mehr, sich mit dem „Archetyp des unglückliche Verliebten"[10] Tonio Kröger auseinanderzusetzen.

Erste Fassung von *Ingrid Babendererde*

Die erste Fassung von *Ingrid Babendererde* schrieb Johnson bereits 1953 mit neunzehn Jahren als Student der Germanistik unter dem Eindruck der zurückliegenden Auseinandersetzungen an der Rostocker Universität. Er diktierte den Text nach eigener Darstellung einer vertrauenswürdigen alten Frau, die ihn auf ihrer Schreibmaschine tippte, und fertigte zwei Kopien davon an. Johnson besaß somit drei Exemplare, die er aber an unterschiedlichen Orten aufbewahrte. Einerseits hatte er Sorge, der Entwurf könnte verlorengehen, andererseits fürchtete er, die Existenz mehrerer Exemplare würde den Verdacht der Staatssicherheit wecken, er beabsichtige den Text weiterzugeben oder zu verbreiten. Die darin enthaltenen staatsfeindlichen Passagen, das war Johnson durchaus bewusst, hätten ihm in der DDR zu jener Zeit eine langjährige Gefängnisstrafe einbringen können.

---

8   Vgl. Johnson, *Begleitumstände*, S. 55–99.
9   Neumann, *Die ausgefallene Tanzstunde*, S. 55.
10 Ebd., S. 51.

3.1 Entstehung und Quellen

Nachdem Johnson im September 1954 von Rostock in das deutlich weltläufigere Leipzig gezogen war, sah er sein Erstlingswerk auf einmal mit anderen Augen: „Es war zu offensichtlich, dass er im Mecklenburgischen geschrieben war, von einem Neunzehnjährigen obendrein."[11] An der **Leipziger Universität** studierte er bei dem Philosophen Ernst Bloch (1885–1977) und dem ebenso bekannten wie brillanten Germanisten Hans Mayer (1907–2001), der die Studenten in seinen stets überfüllten Vorlesungen nicht mit parteikonformen Leitsätzen behelligte, sondern sie mit der literarischen Moderne bekannt machte. Wohl auch unter dem Einfluss seines Lehrers und des neuen Leipziger Freundeskreises, in dem literarische und philosophische Werke diskutiert wurden, überarbeitete Johnson den Text mehrfach. 1955 war die neue Romanversion fertig, doch bereits im Winter desselben Jahres begann er abermals mit einer umfassenden Umarbeitung, die so viel Zeit in Anspruch nahm, dass er darüber sein Studium vernachlässigte.

Vielfache Umgestaltungen des Romans

Nach bestandenem Examen suchte Johnson nach einer Veröffentlichungsmöglichkeit für die 1956 beendete, nunmehr vierte und letzte Fassung seiner *Ingrid Babendererde*. Einige Verlage erkannten zwar das Talent des Autors, verlangten aber Änderungen am Text, um diesem die politische Sprengkraft zu nehmen – was Johnson ablehnte. Andere kritisierten das Manuskript als formal zu unübersichtlich, wild und avantgardistisch. Wieder andere lehnten es rundweg ab, wie der ostdeutsche Aufbau-Verlag, dessen Cheflektor **Max Schroeder** über den Roman urteilte: „Eine Talentprobe nicht von besonderem Belang".[12]

Verlage lehnen Veröffentlichung ab

Sein Lehrer Hans Mayer war es, der schließlich ein Treffen des 22-jährigen Autors mit **Peter Suhrkamp**, dem legendären Frank-

Vorwurf der Provinzialität

---

11 Johnson, *Begleitumstände*, S. 74.
12 Zitiert nach: Neumann, *Die ausgefallene Tanzstunde*, S. 49.

3.1 Entstehung und Quellen

furter Verleger, im Juli 1957 vermittelte. Der zeigte zwar großes Interesse an dem Manuskript, doch sein Cheflektor und Nachfolger **Siegfried Unseld** lehnte eine Veröffentlichung im Suhrkamp-Verlag vehement ab. Sein negatives Votum begründete er rückblickend damit, das Milieu des Romans ebenso wie die „vertrackte Provinzialität dieser Kleinstadt" und das Mecklenburger Platt seien ihm damals fremd gewesen und kompliziert geschilderte Geschichte habe ihm „zu wenig Welt"[13] transportiert. Auch Johnson selbst urteilte rückblickend, er habe die Geschichte so oft umgeschrieben und bearbeitet, dass sie am Ende zwar funktionierte, aber das Leben verloren hatte: „Sie war ‚totgeschrieben'".[14] Erst im Frühjahr 1985, ein Jahr nach Johnsons Tod, erschien das Werk posthum im Suhrkamp-Verlag.

---

[13] Unseld, S. 258.
[14] Johnson, *Begleitumstände*, S. 88.

3.2 Inhaltsangabe

> Ende Mai 1953. In einer Kleinstadt in Mecklenburg bereiten sich die Schüler der 12 A auf ihre unmittelbar bevorstehende Abiturprüfung vor, unter ihnen auch das Liebespaar Klaus und Ingrid und ihr gemeinsamer Freund Jürgen. Wie ihre Klassenkameraden und auch manche unter den Lehrern betrachten die drei Freunde die zunehmende Politisierung des Schulalltags und die Verknüpfung des Lernstoffs mit sozialistischer Propaganda skeptisch. Als eine Mitschülerin in Konflikt mit der Leitung der Jugendorganisation FDJ gerät, weil sie zugleich Mitglied der kirchlichen Jungen Gemeinde ist, sind sie gezwungen, Stellung zu beziehen. Von Direktor Siebmann, einem strammen Parteigenossen, dazu aufgefordert, vor den versammelten Schülern und Lehrern der Gustav Adolf-Oberschule einen Diskussionsbeitrag zur Jungen Gemeinde zu liefern, hält Ingrid eine Rede – allerdings nicht im Sinne des Direktors. Vielmehr plädiert sie dafür, die Schüler sollten die Klamotten und die Abzeichen tragen und die Bücher lesen dürfen, die ihnen gefallen. Trotz des tosenden Beifalls der Schüler stimmt die Mehrheit in der anschließenden Abstimmung für Ingrids Schulausschluss. Zusammen mit Klaus, unterstützt von Jürgen, verlässt Ingrid ihre Heimat und flieht nach Westberlin.

ZUSAMMENFASSUNG

Die kursiv gedruckten Passagen in *Ingrid Babendererde*, die jeweils ein Großkapitel einleiten und schlaglichtartig die Situation der beiden Schüler auf der Flucht bzw. nach ihrer Ankunft im Westen beleuchten, werden hier vorab in einem Stück zusammengefasst.

3.2 Inhaltsangabe

Danach folgt eine Inhaltsangabe der einzelnen fortlaufend nummerierten, in normalem Schriftbild gedruckten Kapitel.

Flucht in den Westen

Nachdem Klaus Niebuhr und Ingrid Babendererde nachts auf einem Boot ihre mecklenburgische Heimatstadt fluchtartig verlassen haben, fahren sie mit dem überfüllten Schnellzug D16 nach Berlin. Der Gang des Zuges ist mit Menschen, die ausreisen wollen, und mit Koffern verstopft. Es dämmert schon, da hält der Zug mitten in der Landschaft an. Polizisten steigen ein und kontrollieren die Reisenden, denn man darf nur mit einem amtlichen Gutachten nach Berlin fahren. Klaus, der mehr „als nur seinen Namen schreiben" (S. 9) kann, hat – so wird hier bereits angedeutet – ein gefälschtes Dokument dabei, das der Polizist jedoch akzeptiert. Während andere den Zug wieder verlassen müssen, erreichen die beiden unbehelligt den Berliner Ostbahnhof.

Eine neue Lebensweise

Im Westteil der Stadt tauschen sie ihr Geld um und besuchen den Zoologischen Garten, wo sie einen naiv-verspielten Bären beobachten, der „das Betteln betrieb als ein neues noch nicht begriffenes Spiel" (S. 67). Angesichts des Umzugs in diese neue, ihnen fremde Welt bemerken die beiden, „sie würden anderes umwechseln müssen als Geld" (S. 68).

Unterschiedliche Freiheitsvorstellungen

Sie übernachten bei Jochen Schmidt, einem ehemaligen Klassenkameraden, der zwei Jahre zuvor in den Westen gegangen ist. Klaus und Jochen diskutieren über ihre unterschiedlichen Freiheitsbegriffe: Jochen spricht sich für eine Freiheit aus, die „seit Jahrhunderten eingeübt und überliefert ist", Klaus verteidigt gegen diese jahrhundertealte bürgerliche Ideologie seine sozialistische Freiheitsvorstellung, auch wenn er eingesteht, sie „sei eben jünger und knirsche also noch in ihren Gelenken" (S. 122).

3.2 Inhaltsangabe

Am Flughafen treffen sie ihre Klassenkameradin Elisabeth Rehfelde, die kurz zuvor ebenfalls in den Westen geflohen ist. Klaus nimmt ein Flugzeug nach Hannover, Ingrid fliegt nach Hamburg.

Wiedersehen mit Elisabeth Rehfelde

Einbruch der Staatsmacht in die Naturidylle (1. Kapitel)

Ein Motorboot fährt durch eine idyllische Seenlandschaft und erreicht die Schleuse. Der Junge Günter, der gerade Dienst an der Schleuse hat, begrüßt die Insassen, die Polizisten Heini Holtz und Franz und einen weiteren Mann, der vom Finanzamt kommt. Er fragt, ob sie noch warten können, da er in Kürze ohnehin die Schleuse für die *Schwanhavel* betätigen müsse. Doch der fremde Mann, das „Finanzamt" (S. 13), der gekommen ist, um einen Bauernhof zu beschlagnahmen und der staatlichen Genossenschaft zuzuführen, hat keine Zeit zu verlieren.

Günter und das „Finanzamt"

Eine langweilige Schulstunde (2.–4. Kapitel)

Eine Erdkunde-Stunde in der Abiturklasse der Gustav Adolf-Oberschule in Wendisch Burg. Dr. Ernst Kollmorgen, wegen seiner Aussprache auch „Ähnst" genannt, doziert vor den elf Schülern der 12 A über die fortschrittliche Umgestaltung der Natur in der Sowjetunion am Beispiel des Wolga-Don-Kanals. Dr. Kollmorgen spricht in einem Ton, der keinen Widerspruch zulässt. Die Schüler schweigen und zählen die Minuten bis zum Ende der Stunde. Klaus' Aufmerksamkeit richtet sich auf Ingrid. Ob sie ihre Verabredung zum Segeln am Nachmittag wohl vergessen hat? Sogar Jürgen Petersen, der als einziger daran glaubt, „dieser Kanal sei eine gute Sache" (S. 19), langweilt sich. Das liegt seiner Ansicht nach daran, dass „Ähnst" eigentlich wichtiges Wissen bloß als Lernstoff herunterrattert und von Dingen spricht, an die er selbst nicht glaubt. Jürgen ärgert sich über „Dr. Kollmorgens Art von Sozialismus und Klassenkampf zu reden als sei das theoretischer Unsinn" (S. 22).

„Ähnst" doziert über den Wolga-Don-Kanal

3.2 Inhaltsangabe

Jürgens Liebe zu Ingrid

Nach der Schule steht Jürgen mit seinen beiden Freunden Ingrid und Klaus vor der Schule. Er ist seit längerem in Ingrid verliebt, hat sie sogar schon einmal geküsst und beobachtet traurig die Liebesbeziehung zwischen seinen beiden Freunden. Obwohl er sich vorgenommen hat, jede Einladung zum Segeln abzulehnen, ist er enttäuscht, als die beiden sich für den Nachmittag nicht mit ihm verabreden.

Klaus und Ingrid auf Segeltour (5.–11. Kapitel)

Klaus, der seit der Ermordung seiner Eltern durch die Nationalsozialisten mit dem jüngeren Bruder Günter bei seinem Onkel Martin Niebuhr und dessen Frau Gertrud im Schleusenhaus lebt, hat für Ingrid zum ersten Jahrestag ihrer Liebesbeziehung beim Goldschmied einen Armreif aus einem Silberlöffel, den er seiner Tante entwendet hat, anfertigen lassen. Auf dem Heimweg trifft er Günter und erzählt ihm, Elisabeth Rehfelde habe Dieter Seevken, dem Obersten der FDJ, vor aller Augen in der großen Pause ihr FDJ-Mitgliedsbuch vor die Füße geworfen. Auf Günters Frage, ob sie jetzt in den Westen gehe, lacht Klaus nur leise.

Der Vorfall mit Elisabeth Rehfelde

Ingrid hat die Verabredung mit Klaus zum Segeln keineswegs vergessen. Sie segeln öfters zusammen und haben schon gemeinsam eine Regatta gemeistert – sehr zum Verdruss von Jürgen, der sich ausgeschlossen fühlt. Während dieser niedergeschlagen über seinen Mathematikaufgaben brütet, steuern die beiden Klaus' Segelboot, die Squit, über den Oberen See, baden ausgelassen, liegen verliebt in der Sonne und erinnern sich an ihre erste Begegnung. Ihre Freude über den Armreif, den Klaus ihr geschenkt hat, kann Ingrid nicht verhehlen.

Ein kleines Segelboot wie die Squit an der Ostseeküste
© Henner Damke/fotolia.com

Der Fall Elisabeth Rehfelde wird diskutiert

3.2 Inhaltsangabe

Die Freundschaft zwischen Ingrid, Klaus und Jürgen (12.–16. Kapitel)

Auf einer Sitzung der FDJ erfährt Jürgen, dass Dieter Seevken Elisabeth Rehfelde provoziert hat, indem er die Junge Gemeinde, eine kirchliche Jugendorganisation, deren Mitglied das Mädchen ist, der Spionagetätigkeit bezichtigte. Als Dieter etwas von der Ehre der FDJ sagte, habe Elisabeth ihm schließlich den Mitgliedsausweis vor die Füße geworfen, so erzählt es auch Ingrid am Abend ihrer Mutter Katina Babendererde. Nachdem Jürgen noch bei ihnen vorbeigeschaut hat, angeblich um Ingrid bei den Mathematikauf-

3.2 Inhaltsangabe

gaben zu helfen, denkt die ehemalige Lehrerin Katina nach über die Freundschaft zwischen dem überzeugten Sozialisten Jürgen mit ihrer widerständigen Tochter und Klaus – eine Freundschaft, die allen politischen Differenzen zum Trotz hält und auch die konkurrierende Liebe der beiden Jungen zu Ingrid unbeschadet überstanden hat.

Die Entfremdung zwischen Jürgen und seiner Mutter

Jürgens Mutter, Frau Petersen, sieht es indes nicht gern, dass ihr Sohn so viel Zeit bei den Babendererdes verbringt und sich offenbar auch mit Ingrids Mutter gut versteht. Sie selbst ist ihrem Sohn entfremdet, seit dieser sich politisch für den neuen Staat engagiert. Mit dem „sozialistischen Kram" kann die alte Frau nichts anfangen. Mutter und Sohn reden kaum mehr miteinander, und wenn sie es doch tun, können sie nicht anders, als „sich mit den Worten zu zerschlagen" (S. 70).

Politik im Schulalltag (17.–23. Kapitel)

Klaus' doppeldeutige Rede über Queen Elisabeth

Am nächsten Tag hat die 12 A Englisch bei dem von seinen Schülern geschätzten Lehrer Ernst Sedenbohm. Auch in diesem Fach ist der Klassenkampf das beherrschende Thema, selbst wenn es eigentlich um Shakespeare geht. Als Sedenbohm den sichtbar gelangweilten Klaus auffordert, seine Meinung zu „Elisabeth" zu äußern, nutzt dieser die Doppeldeutigkeit (einerseits Queen Elisabeth, die zu Zeiten Shakespeares herrschende Königin, andererseits Elisabeth Rehfelde). Geschickt streut er in seine Rede über den Klassenkampf im Elisabethanischen Zeitalter Anspielungen auf den aktuellen Vorfall auf dem Pausenhof ein und stellt sich klar hinter Elisabeth Rehfelde. Während die Klasse und der Lehrer schweigen, greift Jürgen Klaus wütend an: Er bringe da zwei Dinge durcheinander. Er könne nicht von Klassenkampf sprechen, wo keiner sei. In der Jungen Gemeinde gebe es Ansätze „für die Feindseligkeit des kapitalistischen Auslandes" (S. 81) und die müssten bekämpft werden.

3.2 Inhaltsangabe

In der kurzen Flurpause versucht Ingrid, zwischen den streitenden Freunden zu vermitteln, doch das ist gar nicht nötig. Wie sie so beinander stehen, bemerken sie, „dass sie nie uneinig gewesen waren" (S. 84). Als Elisabeth hinzukommt und von Jürgen wissen will, wie es mit ihr weitergehen soll und ob sie der Schule verwiesen wird, gibt dieser ihr ihren FDJ-Mitgliedsausweis zurück. Klaus entschuldigt sich bei Jürgen.

Jürgen gibt Elisabeth ihren FDJ-Ausweis zurück

In der Geschichtsstunde redet Direktor Robert Siebmann, genannt Pius, vor den gleichgültigen Schülern in erregtem Ton über den Klassenkampf im 17. Jahrhundert und die religiös-ideologischen Interessen und die angebliche Profitgier des Bürgertums. Ingrid hegt Misstrauen gegen jede Art politischer Belehrung, Jürgen dagegen gibt dem Lehrer grundsätzlich recht, doch findet er das, was er selbst für richtig hält, in dessen Reden nicht wieder. Auch in der Deutschstunde bei Frau Behrens, genannt Das Blonde Gift, wird die Romantik gemäß marxistisch-leninistischer Lehre als „bewusstes Werkzeug der herrschenden Klasse" (S. 102) dargestellt. Wenn die Lehrerin auch nicht eindeutig auf den Vorfall des vorigen Tages eingeht, ist unterschwellig stets von der Bedrohung durch die Junge Gemeinde, „einem Eiterherd im Schosse der Republik" (S. 102), die Rede.

Politische Belehrungen im Unterricht

Jürgen sitzt zwischen allen Stühlen (24.–28. Kapitel)

Am Nachmittag treffen sich Klaus, Ingrid und Jürgen, um für Geschichte zu lernen. Als das Gespräch auf die zurückliegende Auseinandersetzung der beiden Schüler im Englischunterricht kommt, stellt Jürgen klar: Alle drei sind sie nicht Anhänger der Jungen Gemeinde. Er selbst halte die Organisation sogar für albern, immerhin trage die Kirche eine Mitschuld an Faschismus und Krieg. Dennoch solle niemand der Schule verwiesen werden, nur weil er einem falschen Glauben anhänge. Durch seine „schwierige Aufrichtigkeit

3.2 Inhaltsangabe

und Ehrlichkeit" (S. 107) fühlt sich Ingrid plötzlich wieder zu Jürgen hingezogen und küsst ihn. Klaus sieht ihre gerade erst begonnene Liebesbeziehung gefährdet.

Jürgens mutiger Auftritt

In der schulischen Parteisitzung, der Jürgen als FDJ-Vertreter beiwohnt, wird der Fall Elisabeth Rehfelde besprochen. Die Schulleitung plädiert für einen Ausschluss Elisabeths von der Schülergemeinschaft, doch Jürgen widerspricht. Das Mädchen sei von Dieter Seevken provoziert worden. Er, Jürgen, habe ihr das Mitgliedsbuch zurückgeben. Wegen „eigenmächtigen und parteischädigenden (versöhnlerischen) Verhaltens" (S. 114) erhält Jürgen daraufhin eine Ermahnung. Zuhause beim Abendessen muss er sich auch noch Vorwürfe seiner gegen den Sozialismus eingestellten Mutter anhören, weil er auf einer Parteisitzung war. Sie fragt sich, wie so etwas ihr Sohn sein könne. Derweil verbringen Klaus und Ingrid den Abend jeder für sich alleine, verunsichert durch die Vorkommnisse des Tages.

Die Schule distanziert sich von der Jungen Gemeinde (29.–36. Kapitel)

Klaus, der sich immer noch über Ingrids Verhalten ärgert, schwänzt die Schule und hilft zusammen mit seinem Bruder Günter bei der Schleusenarbeit. Nachdem Jürgen ihn aus dem Schulsekretariat angerufen und gebeten hat, wegen einer Schulversammlung in der fünften und sechsten Stunde zu kommen, geht er doch hin und muss auch an der „albernen Lateinarbeit" (S. 128) teilnehmen. Klaus lässt seinen Sitznachbarn Hannes aus seinem Heft abschreiben, was Lehrer Sedenbohm duldet, und kritzelt unterdessen etwas auf einen Zettel, damit nicht auffällt, dass er mit der Übersetzung längst fertig ist. Es ist eine kaum verhüllte politische Satire auf die DDR, wie sich später herausstellen wird.

Die Schulversammlung

3.2 Inhaltsangabe

Nach der Pause erinnert der über einen Streich erzürnte Direktor Siebmann die 12 A daran, die Schülerversammlung in der Aula zu besuchen, eine Aufforderung, der die Klasse eher widerwillig folgt. Nachdem der Direktor vom Rednerpult aus die Junge Gemeinde für eine illegale Organisation erklärt und die Schüler aufgefordert hat, sich von derart reaktionären Irrlehren eindeutig zu distanzieren, tritt Peter Beetz aus der Parallelklasse auf das Podium. Vor dem FDJ-Präsidium und der versammelten Schüler- und Lehrerschaft erklärt er, was das Präsidium da behaupte, sei falsch. Im Übrigen sei das Abzeichen der Jungen Gemeinde ein Bekenntnis, und die Verfassung der DDR garantiere ihren Bürgern Bekenntnisfreiheit, und er fragt, „warum die Regierung der Arbeiter und Bauern die Verfassung der Republik demokratisch brechen wolle" (S. 143).

Der Direktor erwartet von den Schülern eine klare Haltung

Peter hat soeben zusammen mit seiner Freundin Brigitt die Aula verlassen, da geht Jürgen, der eigentlich am Tisch des Präsidiums sitzen sollte, aber auf Klaus' Wunsch in der Reihe der Schüler geblieben ist, ans Rednerpult. Er dankt dem Vorredner für seine Offenheit und warnt vor einer Spaltung der Schüler. Nach weiteren Vorträgen von auswärtigen Funktionären distanzieren sich einzelne Klassen öffentlich von der Jungen Gemeinde, und einige Schüler bekunden ihre Reue. Die Lehrer sitzen stumm dabei oder wenden sich betont desinteressiert ab, da sie um ihre Zukunft oder ihre Pension fürchten.

In der Sitzungspause sprechen Ingrid und Klaus wieder miteinander. Klaus schlägt vor, sofort zusammen auszureisen, doch Ingrid weigert sich. Direktor Siebmann hat sie am Nachmittag als Rednerin über die Junge Gemeinde vorgesehen, und davor wird sie sich nicht drücken, denn „es braucht mich nichts anzugehen, geht mich aber" (S. 149). Klaus dagegen zeigt sich nur angeekelt von den Lehrern, die ihre Stellung nicht verlieren wollen und schweigen. Mit Leuten, „die nichts weiter haben als was Lehrbefähigung genannt

Ausreisen oder Dableiben?

3.2 Inhaltsangabe

wird und grosskarierte Psychologie" (S. 149), will er nichts mehr zu tun haben. Lieber will er mit Ingrid segeln gehen. Die aber ist wütend und bleibt da.

Wie alles begann (37.–40. Kapitel)

In einer längeren Rückblende wird erzählt, wie die Freundschaft zwischen den drei Hauptfiguren begann. Klaus und Jürgen waren schon in der Grundschule eng miteinander befreundet. Ingrid ist erst in der achten Klasse dazugekommen und war anfangs mit Schülern aus der Parallelklasse und vor allem mit Eva Mau befreundet. Zwischen ihr und den beiden Jungen herrschte zunächst eine „leise geringschätzige Spannung" (S. 153). Mit Klaus, der sich zu dieser Zeit als FDJ-Gruppenvorsitzender aktiv für den Sozialismus einsetzt, gerät Ingrid, die sich dem ideologischen Druck zu entziehen versucht, über politische Fragen wiederholt aneinander.

Politisierung der Schule unter Direktor Siebmann

Als im nächsten Jahr Herr Siebmann, ein strammer Genosse, zum Direktor der Schule ernannt wird und die Schüler mit soldatischer Disziplin auf Parteilinie trimmt, erhebt sich in der Schule Widerstand. Besonders die Klasse von Klaus und Jürgen wehrt sich „gegen den Anspruch unumschränkter Gültigkeit" (S. 161) der neuen Vorschriften und Verbote. Selbst kleine Witzeleien der Schüler über die Kommunistische Partei oder die Schulleitung werden nun als Feindseligkeit gegen die DDR scharf sanktioniert. Immer deutlicher wird zudem die Kluft zwischen dem Schulleiter und dem Privatmann Siebmann, der eine schöne Villa bewohnt und das FDJ-Hemd inzwischen gegen einen „soliden Anzug" mit Schlips eingetauscht hat. Ihre ablehnende Haltung gegenüber dem neuen Direktor bringt auch Ingrid und Klaus einander näher.

Klaus' Rückzug aus der FDJ

In der zwölften Klasse haben sich die Verhältnisse umgekehrt: Jürgen, der den Genossen Siebmann eigentlich schätzt, engagiert sich nun stärker in der politischen Arbeit, während Klaus wie auch

3.2 Inhaltsangabe

Ingrid sich „sehr zurückzogen von der Freien Deutschen Jugend" (S. 167). Die ganze Klasse spürt, dass Siebmann die Angelegenheit um die Junge Gemeinde „zur Zerspaltung der Schülerschaft in gute und böse Kinder" (S. 167) nutzen will. Bislang haben die Schüler aus Sorge um ihre Zukunft geschwiegen, doch nun überlegt die 12 A, „ob sie sich weiterhin verhalten wollte in der Weise nicht verantwortlicher Anwesenheit" (S. 167). Und Klaus weiß, dass ihn „Ingrids Bedürfnisse nach Befragen und schmerzhafter Aufrichtigkeit durchaus angingen seit dem zehnten Schuljahr" (S. 169).

Ingrids Rede und die Reaktionen darauf (41.–46. Kapitel)
In der Sitzung am Nachmittag soll Ingrid einen Diskussionsbeitrag über die Junge Gemeinde liefern, doch damit, so entschuldigt sie sich, kenne sie sich nicht aus. Lieber spricht sie über die schönen Hosen, mit denen Eva Mau aus der 12 A nach den Ferien in die Schule gekommen ist. Sie waren eindeutig aus Westberlin, und daher verbot Direktor Siebmann ihr, sie in der Schule zu tragen. Ingrid plädiert dafür, dass jeder Schüler die Hosen und Abzeichen tragen und auch die Bücher lesen dürfen soll, die er möchte. Nach einem kurzen Moment der Stille bricht in der Aula der Applaus los.

Ingrids Rede vor der Schulversammlung

Bei der anschließenden öffentlichen Abstimmung stimmt trotz des tosenden Applauses die Mehrheit der Schüler für den Ausschluss Ingrids von der Schule. Die 12 A hat geschlossen dagegen gestimmt – mit Ausnahme von Klaus, der nicht anwesend ist –, auch aus der 12 B gibt es einige Gegenstimmen. Auch Jürgen, der Ingrids Rede von seinem Platz zwischen den Mitgliedern des Präsidiums aus verfolgt hat, stimmt gegen den Antrag. Inzwischen hat Ingrid die Schule in Begleitung von Herrn Sedenbohm verlassen, der ihre Aufrichtigkeit insgeheim bewundert. Das Ergebnis der Abstimmung, so wird man später erfahren (S. 185), lautet 289 gegen 17 Stimmen.

3.2 Inhaltsangabe

Elisabeth und Hannes erzählen Klaus, die große Mehrheit der Schüler habe dafür gestimmt, dass Ingrid das Schulgelände nicht mehr betreten dürfe. Ob er sich nun fühle, als habe er saubere Hände, weil er bei der Abstimmung nicht dabei war, will Hannes wissen, und Klaus erwidert rätselhaft: „Noch nicht" (S. 186). Derweil stellt Katina Ingrid zur Rede und erinnert sie daran, dass der Streit zwischen ihr und Klaus nichts Wesentliches betrifft, „nichts zwischen euch sondern etwas ausser euch: Politisches" (S. 190).

Scheinbare Ruhe nach dem Sturm (47.–48. Kapitel)
In kurzen Szenen richtet sich nun der Blick auf verschiedene Personen: Klaus und Günter beim Baden im See, Söten und Dicken Bormann zu Besuch bei Herrn Sedenbohm, Katina, die vor ihrer Haustür Ingrids Schultasche findet, Jürgen, der die Schrift von Direktor Siebmann nachzumachen versucht, Siebmann selbst, der die Tür seines Gartenhauses repariert, Elisabeth Rehfelde, die am Bahnhof Abschied von Hannes nimmt. Derweil überlässt sich Jürgen seinen Erinnerungen daran, wie alles anfing zwischen der schüchternen Elisabeth und Hannes, wie die Schüler vor noch nicht allzu langer Zeit entspannt im See badeten und sich in freundlicher Atmosphäre auf der Straße trafen.

Solidarität mit Ingrid (49.–52. Kapitel)

Überwachung durch den Staatssicherheitsdienst

Trotz Katinas Warnung verlässt Ingrid am nächsten Morgen das Haus, so als ginge sie zur Schule. Da merkt sie plötzlich, dass ein Mann, offensichtlich jemand von der Staatssicherheit, sie verfolgt. Inzwischen weiß die ganze Stadt über ihre Rede Bescheid. Auf der Straße grüßen der Fleischer und der Milchmann sie bewusst und signalisieren damit Zustimmung; auch die Drogerieverkäuferin lächelt sie wohlwollend an. Selbst der Polizist Heini Holtz ist freund-

3.2 Inhaltsangabe

lich; und als Ingrid sich beklagt, sie werde verfolgt, beschimpft er den fremden Mann als Idioten und kleinen Spitzel.

Die Schüler der unteren Klassen zeigen sich auf dem Schulweg gleichgültig, und in der 12 A geht der Unterricht scheinbar weiter wie immer, doch Ingrids leerer Stuhl ist allen unangenehm. Auch Peter Beetz und Brigitt aus der Parallelklasse sind nicht mehr da. Als die Klasse eine von der FDJ verfasste Resolution, in der sie ihre Zustimmung zum Schulverweis von Ingrid und Peter kundtun soll, vorgelegt bekommt, verweigert sie geschlossen die Unterschrift. Klaus verlässt demonstrativ den Unterricht, und Jürgen wird zum Direktor gerufen.

Direktor Siebmann möchte zu Jürgen als Freund, nicht als Schulleiter oder Parteivorsitzender sprechen. Er habe Jürgen immer für einen der besten gehalten und sei nun enttäuscht über sein Verhalten. Er vermutet, Ingrid werde von einer ausländischen Agentur dafür bezahlt, Unruhe zu stiften. Jürgen bestreitet das und weigert sich, Details aus Klaus' Privatleben preiszugeben. Mitten ins Gespräch platzt die Sekretärin mit einem Schreiben von Klaus herein, in dem er bittet, ihn aus der Schülerliste zu streichen – wegen der Verfassung der Demokratischen Republik. Der erboste Siebmann rät Jürgen, sich von solchen Elementen zu distanzieren, doch dieser begründet sein Votum gegen den Schulausschluss Ingrids mit der durch die Verfassung gewährte Meinungs- und Religionsfreiheit. Andere Meinungen zu verbieten, statt darüber zu diskutieren, schade der Partei. Direktor Siebmanns Rüge wegen parteischädigenden Verhaltens nimmt er nicht an.

Jürgen stellt sich hinter Ingrid

Aufbruch und Trennung (53.–61. Kapitel)

Ingrid verlässt ihr Haus ohne Eile und „ohne Vorsatz und vielleicht nur, weil Fortgehen so aussehen mochte als verändere sich etwas" (S. 228 f.). Am Stadtwall trifft sie Klaus, die beiden gehen an der Mau-

Klaus und Ingrid planen ihre Flucht in den Westen

3.2 Inhaltsangabe

er entlang. Klaus erzählt, Elisabeth Rehfelde sei gestern Abend – weiter kommt er nicht, denn in „der Mauer öffnete sich ein Durchbruch" (S. 230), das heißt, dahinter könnte er von jemandem, der Ingrid überwacht, gehört werden. Bei Onkel Martin und Tante Gertrud überlegen die beiden gemeinsam mit Katina, wie es weiter gehen soll. Zusammen mit Ingrid zu deren Verwandten in Lübeck möchte Klaus nicht, dann lieber nach Hannover, wo er allerdings niemanden kennt.

Eine letzte Segeltour zu dritt

Während die 12 A oder das, was noch davon übriggeblieben ist, zur Reifeprüfung in der Aula der Schule antritt, kämpfen sich Ingrid, Klaus und Jürgen im Segelboot gegen starken Wind und hohe Wellen über den See. Zurück in der Schleuse planen sie die Bootsfahrt zu einem nahegelegenen Bahnhof und fälschen ein Schuldokument, das Klaus und Ingrid die Ausreise ermöglichen soll. Trotz der Ungewissheit über seine Zukunft und des Schmerzes, den er seinem Bruder Günter damit bereitet, will Klaus gemeinsam mit Ingrid fort aus der DDR, denn er möchte „mit solchen Leuten nichts mehr zu tun haben" (S. 246).

Abschied von der Heimat

Ingrid wird nach Lübeck gehen, Klaus nach Hannover. Die beiden verabreden, sich nach Jahresfrist wieder zu treffen, um zu sehen, wie es dann um ihre Liebe zueinander und zu ihrer Heimat stehen wird: „Ob sie es vergessen hatten über ein Jahr, und ob das schlimm sein würde" (S. 247).

3.3 Aufbau

> *Ingrid Babendererde* beginnt sozusagen mit dem Ende der Geschichte: Die kurzen, kursiv gedruckten Passagen, die den vier großen Hauptkapiteln des Romans vorangestellt sind, handeln von Klaus' und Ingrids Flucht in den Westen. Wie es dazu kam, was dazu geführt hat, erfährt der Leser erst nach und nach. Die eigentliche Romanhandlung schildert die Ereignisse der vier Tage, die der Flucht vorangingen, und enthält zudem eine längere Rückblende auf den Beginn der Freundschaft zwischen den beiden. Die vielfachen Orts-, Zeit- und Perspektivwechsel spiegeln auf formaler Ebene die Brüchigkeit der Lebensläufe wider, von denen der Roman erzählt.

ZUSAMMENFASSUNG

Ingrid Babendererde besteht aus vier großen römisch nummerierten Hauptkapiteln, die von dem Konflikt einiger Schüler mit der Schul- und Parteileitung handeln. Jedes dieser Hauptkapitel, die sich wiederum in 61 fortlaufend nummerierte Kapitel untergliedern, ist mit einem kurzen, kursiv gedruckten Abschnitt eingeleitet, in dem die einzelnen Phasen der Flucht von Klaus und Ingrid als Momentaufnahmen dargeboten werden. Am Ende des vierten Kapitels befindet sich eine weitere Kursivpassage, durch die die Handlung in die Fluchtsituation überleitet.

Vier Hauptkapitel

Schon das erste, im Druckbild hervorgehobene Wort des Romans „ANDERERSEITS" weist daraufhin, dass es auch ein „EINERSEITS" geben muss. Dieses liefert der Autor im ersten Kapitel nach, indem er die Vorgeschichte zu der „Andererseits-Passage" erzählt. Der Wechsel des Schriftbildes geht dabei stets mit einem Orts- und Zeitwechsel einher. Die kursiv gedruckten Passagen spielen im Zug

Zeit- und Ortswechsel im Schriftbild

3.3 Aufbau

nach Berlin und im Westen, wo Ingrid und Klaus nach ihrer Flucht aus der DDR ankommen. Die in normalem Schriftsatz gesetzten Kapitel dagegen spielen an den vier Tagen vor der Flucht in einer mecklenburgischen Kleinstadt, die von ferne an Johnsons Heimatstadt Güstrow erinnert. Der Leser kennt das Ende also schon, bevor er das letzte Kapitel gelesen hat – ein etwa aus Bertolt Brechts Theaterstücken bekannter Verfremdungseffekt, der die Aufmerksamkeit des Lesers weg von dem, *was* erzählt wird, und hin zu dem lenkt, *wie* es erzählt wird.[15] Zugleich weckt der um die eigentliche Handlung gelegte Rahmen beim Leser ein Interesse, die Ursachen, die zur Flucht geführt haben, kennenzulernen und mit diesem Wissen über die Entscheidung der beiden Schüler nachzudenken.[16]

Nachträglich eingebaute Rückblende

Die erzählte Zeit umfasst insgesamt sechs Tage: vier Schultage und zwei Fluchttage Ende Mai 1953.[17] Jedes der vier Hauptkapitel behandelt einen Schultag, wobei die Chronologie im dritten Hauptkapitel durch eine längere Rückblende von Kapitel 37 bis 39 sowie dem Anfang von Kapitel 40 unterbrochen wird. Diese deutlich aus dem Rahmen fallenden Abschnitte über die Vorgeschichte von Klaus, Ingrid und Jürgen baute Johnson 1956 im Zuge der Umarbeitung der zweiten Fassung des Romans auf Wunsch des Aufbau-Verlages nachträglich ein.[18]

Häufige Perspektiv-, Zeit- und Ortswechsel

Uwe Johnson selbst bezeichnete einmal als Thema von *Ingrid Babendererde* „all die Knoten und Knicke und Brüche in Lebensläufen seit dem verfassungswidrigen Kirchenkampf von 1953"[19]. Auf formaler Ebene spiegelt sich das in häufigen Perspektiv-, Zeit-

---

15 Vgl. Mecklenburg, S. 156.
16 Vgl. Wunsch, S. 79.
17 Vgl. Mecklenburg, S. 154.
18 Vgl. Leuchtenberger, *Wer erzählt*, S. 56.
19 Johnson, *Begleitumstände*, S. 95.

3.3 Aufbau

ZEITAUFBAU

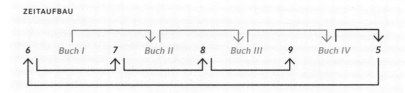

und Ortswechseln wider, die den Leser herausfordern und zum Mitdenken zwingen. Dabei verknüpft Johnson die einzelnen Handlungsfäden nicht immer, lässt vielmehr einiges offen und versagt sich, wie Unseld es in seinem Nachwort formuliert, harmonischer Einheit, „weil sein Thema eben das Auseinanderleben, der Bruch ist, der sich quer durch Deutschland" zieht.[20]

Vom groben Aufbau bis in Details ist der gesamte Ingrid-Roman von bewusst gesetzten Gegensätzen geprägt.[21] So wie Johnson jedem „Andererseits" ein „Einerseits" folgen lässt, so kontrastiert er zwei diametral entgegengesetzte Lebenswelten: diejenige der Stadt, in der die Schüler vormittags die Schule besuchen, und diejenige der Seen, an denen sie ihre Nachmittage verbringen. Die eine Sphäre steht für langweiligen Schulunterricht und politische Indoktrination, für Reglementierung und Kontrolle; die andere für Segelpartien, offene Gespräche und vertraute Intimität, Freiheit und Selbstbestimmung. Weitere Kontraste sind: hier Staat und Schule, dort die Natur; hier das Politische, dort das Private; hier das durch Propaganda und leere Worthülsen geprägte kalte Hochdeutsch, dort das leichte, im Tonfall warmherzige, offene Plattdeutsch. Zugleich

Antithesen und Kontraste

---

20 Unseld, S. 262.
21 Vgl. dazu etwa Leuchtenberger, *Wer erzählt*, S. 45 f.

3.3 Aufbau

„ANDERERSEITS" UND „EINERSEITS"

Sphäre des „Andererseits"	Sphäre des „Einerseits"
⚘ langweiliger Schulunterricht	⚘ Segelpartien
⚘ politische Indoktrination	⚘ offene Gespräche
⚘ Reglementierung und Kontrolle	⚘ vertraute Intimität, Freiheit, Selbstbestimmung
⚘ Staat und Schule	⚘ Natur
⚘ das Politische	⚘ das Private
⚘ von Propaganda und Worthülsen geprägtes Hochdeutsch	⚘ leichtes, warmherziges, offenes Plattdeutsch

aber verweigert sich Johnson einer platten, klischeehaften Gegenüberstellung von Gut und Böse, wie noch zu zeigen sein wird.

3.4 Personenkonstellation und Charakteristiken

3.4 Personenkonstellation und Charakteristiken

ZUSAMMEN-
FASSUNG

Von den vielen Personen, die im Roman auftreten, werden hier folgende ausführlich vorgestellt:

Ingrid Babendererde:
- → eine schöne junge Frau und zugleich spitzbübische Göre,
- → hat ein großes Bedürfnis nach Aufrichtigkeit,
- → kann Menschen überzeugen,
- → ist vertrauensvoll und bodenständig.

Klaus Niebuhr:
- → hat sich früher in der Politik und der FDJ engagiert,
- → hegt eine tiefe Skepsis gegen Worte und Parolen,
- → spricht selbst nur in ironischer Weise,
- → hält sich am liebsten auf seinem Segelboot und in der Natur auf.

Jürgen Petersen:
- → ist mit Klaus befreundet und liebt Ingrid,
- → ist vom Sozialismus überzeugt,
- → lehnt jedoch jede Form von Repression ab,
- → entscheidet sich, in der DDR zu bleiben, um sie zu verändern.

3.4 Personenkonstellation und Charakteristiken

Direktor Robert Siebmann:
→ ist ein junger, dynamischer und strammer SED-Genosse,
→ hat die Schule auf Parteilinie gebracht,
→ verkörpert das Auseinanderfallen zwischen sozialistischen Idealen und der Wirklichkeit.

Ernst Sedenbohm:
→ ist „bürgerlicher" Herkunft und gegen die SED eingestellt,
→ wird als Lehrer von seinen Schülern als Autorität anerkannt,
→ zeigt, wenn auch nicht offen, Solidarität mit Ingrid.

Die Schüler und Lehrer der 12 A

Die Abiturklasse 12 A der Gustav Adolf-Oberschule besteht aus fünf Schülern und sechs Schülerinnen. Einige von ihnen bleiben im Hintergrund, andere werden ausführlicher vorgestellt. Zu ihnen gehört Marianne Stuht, eine „hagere, verlegene" (S. 23) Schülerin, die einen „frommen Haarknoten im Nacken trägt" (S. 22) und in ihrem dunkelblauen „Kleid mit dem schmalen weißen Kragen" (S. 74) das Gegenbild zu der attraktiven, lebensfrohen Ingrid darstellt. Als „Tochter des Dompredigers" (S. 166) und Mitglied der Jungen Gemeinde ist Marianne in der Klasse eine Außenseiterin. Dennoch will die 12 A das verängstigte Mädchen gegen Direktor Siebmanns Angriffe „beschützen" (S. 75), ein Hinweis für den starken Zusammenhalt innerhalb der Klasse. Dagegen wird Eva Mau, eine ehemalige Freundin von Ingrid, als modisch und kokett beschrieben. Sie „mag das ssu gern, wenn Pius rot wird" (S. 74), doch wenn Klaus ihr

3.4 Personenkonstellation und Charakteristiken

sagt, „Du siehst reizend aus", wird sie verlegen und „kommt nicht ganz zu Rande (...) mit ihrem Lächeln" (S. 129). Von Elisabeth Rehfelde aus der 11 A, die ja immerhin den Streit um die Junge Gemeinde ausgelöst hat, erfahren wir nur, dass ihr Vater Großbauer ist und somit zum Feindbild des neuen Staates zählt, der die Kollektivierung in der Landwirtschaft energisch vorantreibt. Sie ist „eigenwillig und trotzig vor lauter Scheu und noch gar nicht eingesperrt in irgend welche öffentlichen Meinungen und freundlich anzusehen alles in allem" (S. 194 f.). Ihr Freund Hannes Goretzki bleibt wie die weiteren Nebenfiguren eher blass. Die Klasse 12 A wird zwar als Ansammlung individueller Persönlichkeiten vorgestellt, tritt aber oftmals als Einheit auf: „12 A hatte sich halb von den Stühlen erhoben", „12 A nahm Platz" (S. 86), „Jetzt kam Peter Beetz an der 12 A vorüber" (S. 128), „12 A hielt das für eine ungeschickte Frage, 12 A kam sich vornehm angeredet vor, 12 A schwieg" (S. 138).

<small>Elisabeth Rehfelde</small>

Schüler und Lehrer

Die Figuren in *Ingrid Babendererde* unterliegen nicht einer einfachen Schwarz-Weißmalerei, sie lassen sich nicht etwa in das Schema „böse Lehrer/gute Schüler", „parteikonforme Lehrer/ rebellische Schüler" pressen. Ein Beispiel für diese Mehrschichtigkeit bietet der Erdkundelehrer Dr. Ernst Kollmorgen, der zwar seinen Schülern den propagandistisch gefärbten Lehrstoff vermittelt, aber diesen nur „müde", „zögernd" und mit offenkundigem Widerwillen (S. 16) vorträgt und ihn zudem nur als Stoff behandelt, „als Stoff, der auswendig zu lernen war" (S. 21). Dennoch ergreifen die Lehrer, mögen sie innerlich auch gegen das Regime eingestellt sein wie Dr. Kollmorgen und Sedenbohm, in dem Konflikt um die Junge Gemeinde nicht aktiv Partei. Während zumindest einige der Schüler klar Position beziehen, schweigen die Lehrer, sei es aus Resignation, sei es aus Furcht um ihre soziale Existenz – eine deutliche

<small>Keine Schwarz-Weißmalerei</small>

3.4 Personenkonstellation und Charakteristiken

Kritik an mangelnder Zivilcourage

Kritik an der Lehrerschaft

Kritik Johnsons an der mangelnden Zivilcourage der Lehrerschaft insgesamt.

Diese wird auch deutlich, wenn Klaus in der Aula bei Peter Beetz' mutiger Rede seinen Blick belustigt über die Lehrerbank wandern lässt:

> „Und Herr Dr. Krantz sass da in verbitterter Stummheit, und Herr Dr. Kollmorgen hatte zu denken an die Zukunft einer unmündigen Tochter, und Fräulein Danzig billigte Herrn Beetz sehr, und Herr Sedenbohm letzten Endes hatte Anspruch auf ein Ruhegehalt" (S. 144).

Für Sozialismus, aber gegen dessen Vertreter

Klaus ist es auch, der die Lehrer insgesamt als Leute bezeichnet, „die nichts weiter haben als was Lehrbefähigung genannt wird und grosskarierte Psychologie" (S. 149). Wie Klaus glauben auch die anderen Schüler der 12 A an die sozialistische Utopie, die der neue Staat für sie verkörpert, sie lehnen nicht dessen Ideale, sondern die Vertreter der politischen Macht ab: „Und ihr einziger Vorwurf für die Demokratische Republik war manchmal doch der dass sie ihnen einen solchen Direktor habe vorsetzen mögen" (S. 163). Dabei betont Johnson, „das Sonderbare ihrer Verteidigung bestand in deren Richtung für die Demokratische Republik gegen Pius" (S. 168).

Die Stadtgemeinschaft gegen die Staatsvertreter

Einbruch der Staatsgewalt in die Natur

Dass Johnsons Protagonisten keine holzschnittartigen Schwarz-Weiß-Figuren sind, wird bereits im ersten Kapitel deutlich, das den Leser in den provinziellen Raum einführt, in dem die Geschichte um Ingrid spielt. Ein Boot gleitet über einen See. Wie bei einer Kamerafahrt bewegt sich der Blick durch die Landschaft und nähert sich allmählich der Schleuse, wo der Schleusenjunge Günter wartet. Das Motorboot mit den beiden Polizisten und einem anonymen „Mann

3.4 Personenkonstellation und Charakteristiken

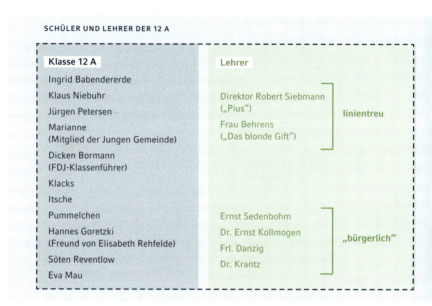

in Hemdsärmeln" (S. 12) steht für die Staatsgewalt, die in die Naturidylle der Seenlandschaft einbricht.[22] Und doch konstruiert Johnson keinen platten Gegensatz, indem er das friedlich-provinzielle Privatleben der Staatsmacht gegenüberstellt. Vielmehr gehen die deutlich positiv gezeichneten Polizisten und der Schleusenjunge höflich und vertraut miteinander um. Allein der dritte, von außen in die kleinstädtische Gemeinschaft eingedrungene Fremde, der als Repräsentant staatlicher Institutionen nur „das Finanzamt" (S. 15) genannt wird, erscheint distanziert und humorlos. Der Gegensatz, der hier

---

22 Vgl. Leuchtenberger, Wer erzählt, S. 37.

3.4 Personenkonstellation und Charakteristiken

angedeutet wird und sich durch den ganzen weiteren Roman zieht, lautet also nicht Privatleben versus Staat, sondern vielmehr vertraute regionale Gemeinschaft versus anonyme Gesellschaft „draußen". Das erklärt auch, warum der Volkspolizist Heini Holtz Ingrid später gegen den von außen kommenden Staatssicherheitsmann in Schutz nehmen wird. Heini Holtz ist eben nicht ein anonymer, willenloser Vertreter der Staatsmacht, sondern handelt menschlich und als Teil der Gemeinschaft.

Regionale Gemeinschaft versus anonyme Gesellschaft

Die Hauptfiguren
Ingrid Babendererde
Ingrid wird beschrieben als ein großes, schmales Mädchen „mit dem verrückten Blond", grauen Augen und einem Mund, der eine „sorgfältig verheimlichte Fröhlichkeit" (S. 23) ausstrahlt. Nicht nur ihre Herkunft aus Lübeck, auch der Vorname „Ingrid" weisen auf den Einfluss von Thomas Manns Erzählung *Tonio Kröger* und ihrer Figur Ingeborg Holm (vgl. S. 106 dieser Erläuterung). Gleich bei ihrem ersten Auftritt trägt Ingrid ihr „Skandalkleid", das „einen frechen und vornehmen Schlag hatte, den es nicht zu kaufen gab in diesem Lande" (S. 24), das sie also offensichtlich im Westen gekauft hat. Immer wieder wird ihre von innen heraus strahlende Schönheit erwähnt: Sie hat eine „schöne Gutherzigkeit" (S. 25), gilt als das „schönste und netteste Mädchen am Ort" (S. 28) und beeindruckt Klaus durch ihre „herzstockende() Ingridschönheit" (S. 40), aber auch durch ihr Bedürfnis nach „schmerzhafter Aufrichtigkeit" (S. 169). Die Abiturientin ist schon ein „Frauenzimmer", zugleich aber noch eine „Göre" (S. 40), „unbefangen heiter (...) und Vertrauens voll von vornherein" (S. 110).

Schönes Mädchen, freche Göre

Bedürfnis nach „schmerzhafter Aufrichtigkeit"

Ingrid ist vier Jahre, bevor die eigentliche Handlung einsetzt, auf die Gustav Adolf-Oberschule gekommen, also in der achten Klasse. Seit dem Tode ihres Vaters, des Lehrers Dr. Babendererde, lebt In-

3.4 Personenkonstellation und Charakteristiken

grid alleine mit ihrer **Mutter Katina** – einst ebenfalls Lehrerin, nun wegen ihrer regimekritischen Einstellung eine einfache Postangestellte. Die beiden verbindet ein eher freundschaftliches, vertrauensvolles Verhältnis, da Katina ihre Tochter neuerdings „insgeheim für erwachsen" (S. 57) hält. Die Babendererdes, die im DDR-Jargon verächtlich als eine „völlig bürgerliche Familie" (S. 222) bezeichnet werden, haben reiche Verwandte in Lübeck, wo Ingrid und Katina früher selbst eine Zeit lang gelebt haben.

Aus „völlig bürgerlicher Familie"

Wie ihre Mutter, die froh ist, „dass Ingrid in der Demokratischen Republik ohne reiche Onkel zur Oberschule gehen" kann (S. 57), hat auch Ingrid ein zwiespältiges Verhältnis zur westlichen Lebensweise. So hat sie die Unterwürfigkeit des Chauffeurs ihrer Verwandten, der ihr nach einem Kaufhausbesuch in Lübeck einmal unbedingt die Pakete hinterhertragen wollte, unangenehm berührt. Nicht aus Überzeugung, sondern allein aufgrund der Reaktionen auf ihre oberflächlich betrachtet eigentlich recht unpolitische Rede ist sie gezwungen, zusammen mit Klaus umzusteigen „in jene Lebensweise, die sie ansehen für die falsche".[23]

Kritisches Verhältnis zum Westen

Politisch engagiert ist Ingrid nicht, und doch spürt sie schneller als der introvertierte Klaus, dass sie auf den Eingriff des Staates in ihr Leben reagieren muss: „es braucht mich nichts anzugehen, geht mich aber" (S. 149). Für die Schule macht sie nur das Nötigste. Lieber geht sie nachmittags mit Eva Mau zur Tanzstunde und auf Feten. Bei aller heiteren Leichtigkeit hat sie doch etwas Bodenständiges, worauf schon ihr Nachname „Babendererde" weist, der im Roman kurz vor Ingrids entscheidendem Auftritt „baben der Erde" (S. 173) geschrieben wird, was auf Niederdeutsch **„der Erde verhaftet"**, „auf der Erde" bedeutet. Sie besitzt, woran es Jürgen,

Bedeutung des Nachnamens

---

23 Johnson, *Begleitumstände*, S. 87.

3.4 Personenkonstellation und Charakteristiken

Schüler in der DDR beim Ernteeinsatz auf einer LPG
© ullstein bild – snapshot-photography / Tobias Seeliger

Ingrids Rede

dem analytisch denkenden Theoretiker, mangelt, nämlich „die Verbindung zu den Massen" (S. 110).

Ingrids Rede, die sie in der Aula vor der versammelten Schüler- und Lehrerschaft hält und für die sie einen Riesenapplaus von den Mitschülern erntet, **überzeugt durch Schlichtheit und Offenheit**. Statt wie gefordert etwas über die Junge Gemeinde zu sagen, spricht Ingrid über die Hosen von Eva Mau, die zu tragen die Schule ihr untersagt hat. Vollkommen **frei von jeder Ideologie** oder politischen Rhetorik argumentiert Ingrid, an einer sich demokratisch definierenden Schule solle jeder die Kleidung und Abzeichen tragen und

3.4 Personenkonstellation und Charakteristiken

auch die Bücher lesen dürfen, die er wolle. Gegen die Forderung nach einer Parteilinie betont Ingrid damit die Individualität jedes Einzelnen. Dafür nimmt sie Strafe und Schulverweis, „einen Knoten in ihrem Lebenslauf" (S. 213), in Kauf.

Klaus Niebuhr

ist ein weißblonder und braungebrannter, lebensfroher Junge von siebzehn Jahren, der jede freie Minute auf seinem Segelboot, der Squit, verbringt und sich aus dem langweiligen Schulalltag in Freizeit und Natur flüchtet. Seine Eltern wurden unter der nationalsozialistischen Herrschaft „wegen Widerstandes mit Gas vergiftet" (S. 33). Seitdem lebt er mit seinem jüngeren Bruder Günter bei seinem Onkel Martin und seiner Tante Gertrud, die die Schleuse am Oberen See betreiben. Während Klaus sich anfangs noch in der FDJ engagiert hat, beginnt er sich aufgrund Direktor Siebmanns rigider Maßnahmen an der Schule allmählich von der Politik zu distanzieren. Sein Mangel an Ehrfurcht und Fortschrittsglaube stehen „deutlich zu lesen in seinem Gesicht" (S. 60).

Flüchtet sich in die Natur

Mit seiner ausgeprägten sprachlichen Sensibilität reagiert er empfindlich auf „den Nebensinn, der in allzu kennzeichnenden Worten wie ‚bürgerlicher Klassenfeind' und ‚Führer der Völker' enthalten war" (S. 156). Die „Notwendigkeit vielen Redens" (S. 156) ist ihm unangenehm, er zweifelt an der Wahrhaftigkeit jeglicher sprachlicher Äußerungen. Seine Worte sind „unzuverlässig geworden wie die von Pius, er hatte gelernt dass es etwas auf sich hatte mit den Namen für die Dinge" (S. 170). Diese tiefe, durch ideologischen Sprachmissbrauch und abgedroschene Phrasen erzeugte Sprachskepsis führt dazu, dass er wortkarg geworden ist und seine eigene Sprechweise von Ironie und dem „vielfältigen Spott, mit dem er seine Gedanken verknotete" (S. 169), geprägt ist. Überhaupt ist der heitere Spott einer seiner Hauptwesenszüge: Er „lachte

Klaus' Sprachskepsis

3.4 Personenkonstellation und Charakteristiken

(…). leise in sich hinein" (S. 27), „während seine Augen zurückhaltenden Spott ausgaben nach allen Seiten" (S. 18) und trägt mal ein „begütigendes Grinsen" (S. 149), mal ein „wohlwollend spöttisches Dahocken" (S. 25) zur Schau.

Verhüllte Kritik am System

In dem Konflikt um die Junge Gemeinde äußert Klaus sich nicht direkt. Dafür aber nutzt er die Doppelbödigkeit der Sprache, um im Schulunterricht indirekte Kritik am System und an der Politik der DDR zu üben, etwa wenn er sich im Englischunterricht zum Konflikt zwischen Aristokratie und Bürgertum zur Zeit Shakespeares äußern soll. Oder er schreibt nach der schnell erledigten Lateinarbeit eine politische Parabel (S. 178 ff.) auf die Verhältnisse in der DDR; oder er zitiert im Deutschunterricht hintersinnig Brechts ironisch-sarkastischen Kommentar zu Schillers von hohem Pathos getragene Ballade *Die Bürgschaft* (S. 99).

Ironische Distanz

Zwar fällt Klaus im Unterricht durch sein ironisch-distanziertes Verhalten auf, die direkte Auseinandersetzung mit Schule und Staat vermeidet er jedoch, was zu Spannungen mit Ingrid führt, die sich ihrerseits verpflichtet fühlt, in dieser Angelegenheit Stellung zu beziehen. Der Veranstaltung und anschließenden Abstimmung in der Aula entzieht Klaus sich indes nicht aus Feigheit, sondern weil ihm dieser „alberne Betrieb von Parlament und Verfassungsbruch" (S. 149) zuwider ist und er nicht daran teilhaben möchte. Um sich seine moralische Integrität zu bewahren, verlässt er zusammen mit Ingrid die DDR. Selbst in dieser bedrohlichen Situation – sie müssen mit gefälschten Papieren durch die Polizeikontrolle – bewahrt er seine ironische Gelassenheit und erzählt Ingrid Geschichten aus Tausendundeiner Nacht.

Jürgen Petersen
ist seit der Grundschulzeit unter nationalsozialistischer Herrschaft mit Klaus befreundet. Er hat, so heißt es über seine Freundschaft

3.4 Personenkonstellation und Charakteristiken

zu Ingrid und Klaus, „die beiden übermässig gern" (S. 26) und beobachtet traurig die Liebesbeziehung zwischen ihnen. Im Gegensatz zum blonden, lebensfrohen Klaus wird er als dunkel und eher grüblerisch beschrieben. Diese Konstellation – eine Frau zwischen zwei Männern – hat Johnson offenkundig aus Thomas Manns *Tonio Kröger* übernommen, wo Ingeborg und Hans, übrigens beide blond, eine Beziehung eingehen, von der der brünette, sensible Tonio ausgeschlossen ist.[24]

Anders als Klaus, der sich spöttisch distanziert gibt, und als Ingrid, die politisch eine vage Haltung einnimmt, ist Jürgen aus tiefer Überzeugung politisch aktiv. Sein Vater war Nazi, er selbst hat sich zum Leidwesen der Mutter, die sein politisches Engagement für den DDR-Staat ablehnt und nicht versteht, „wie so etwas ihr Sohn sein könne" (S. 116), dem Sozialismus zugewandt. Zwar ist er überzeugt von den Vorzügen einer sozialistischen Gesellschaft und engagiert sich in der FDJ, doch er wehrt sich gegen Kontrolle und Repression. Im Zwiegespräch mit dem Direktor klagt er diesen couragiert des Verfassungsbruchs an. Er ist auch unter den 17 Schülern, die öffentlich gegen einen Schulausschluss Ingrids stimmen. Anders als die beiden Freunde geht er nicht in den Westen, sondern hält an seinen Idealen fest. Letztlich bleibt er, um das sozialistische System von innen heraus umzugestalten und es menschlicher, demokratischer, gerechter zu machen. Dafür nimmt er in Kauf, künftig alleine dazustehen – von seinen beiden Freunden getrennt, in der Partei isoliert und von der Mutter weiter verachtet.

Sozialist aus Überzeugung

Hält bis zum Schluss loyal zu Klaus und Ingrid

Direktor Robert Siebmann,

der von der 12 A in Anspielung auf seine absolute Parteigläubigkeit „Pius", also „der Fromme" genannt wird (S. 86), stellt das **Muster-**

Satirisch überspitzte Darstellung

---

24 Vgl. Mecklenburg, S. 166.

3.4 Personenkonstellation und Charakteristiken

beispiel eines stalinistischen Lehrers dar, der seine Schüler, statt ihnen im Unterricht Lerninhalte zu vermitteln, politisch indoktriniert. Auf den ersten Blick wirkt er vertrauenerweckend, jugendlich frisch, in Wahrheit aber ist er in seiner **strikten Gläubigkeit an Parteirichtlinien** unfähig zu jedem Dialog, angepasst und spießig. Das anbiedernde kumpelhafte „Du", das er den Jugendlichen anbietet, steht im Gegensatz zu den strengen Methoden und dem **Gesinnungsterror**, mit dem er an der Schule eine „ausserordentlich straffe und unbedingte Organisation" (S. 161) einführt. In seiner harten, erregten, abgehackten, von Johnson durch die Interpunktion imitierten und satirisch überspitzten Redeweise prangert er den Kapitalismus an („Das heisst die religiös-ideologischen. Interessen des Bürgertums –. Waren immer! Be-mänte-lungen. Der Profitgier!" S. 87) oder droht Jürgen mit Konsequenzen („Und – ich – sage – dir […] wenn hinter euch. Etwas steckt –. Sowerdenwiresschonfinden!!" S. 226).

Kluft zwischen Ideal und Wirklichkeit

Er „hatte die Macht mit seinem Worte etwas gut und böse zu machen" (S. 90), heißt es über ihn, und er betreibe die „Zerspaltung der Schülerschaft in gute und böse Kinder" (S. 167). Seine Schüler indes erkennen, dass der Direktor seine Autorität nicht aus Argumenten, sondern allein aus seinem Amt und seiner hohen Parteifunktion bezieht. In ihren Augen verkörpert Herr Siebmann den Widerspruch zwischen Theorie und Praxis, Anspruch und Wirklichkeit des Sozialismus. Einerseits steht unter einem Stalin-Porträt in der Schule dessen Ausspruch „die deutsche Jugend solle erzogen werden zu selbständig denkenden und verantwortungsbewusst handelnden Erbauern eines Neuen Deutschland" (S. 161). Andererseits aber missachtet der Schulleiter diese Worte ständig, indem er jedes selbstständige Denken im Ansatz erstickt und die Schule notfalls mit Hilfe der Staatssicherheit auf Parteilinie bringen möchte. Einerseits propagiert er sozialistische Ideale, andererseits wohnt er

3.4 Personenkonstellation und Charakteristiken

in einer feinen Villa und hat mit seiner eleganten Frau eine „durchaus bürgerlich prächtige Hochzeit" (S. 163) gefeiert. Augenfälliges Symbol seiner Doppelmoral und Verlogenheit ist sein feiner Anzug mit Schlips, den Ingrid auch in ihrer Rede erwähnt.

Ernst Sedenbohm
ein „alter vornehmer Herr" (S. 76), der wegen seines stolzen, würdevollen Auftretens von den Schülern „Sir Ernest" genannt wird, bildet den Gegenpol zu Direktor Siebmann. Er ist dessen Vorgänger im Amt des Schuldirektors, verlor den Posten aber, weil „er bürgerlich war und unzuverlässig" (S. 133) – das heißt nicht die sozialistischen Ideen vertrat. Der moralisch integre und sachkundige Philologe wurde also aus politischen Gründen von dem partielinienkonformen Jüngeren abgelöst. Im Gegensatz zu diesem ist der alte Englisch- und Lateinlehrer bei seinen Schülern – bisweilen besuchen sie ihn auch privat – sehr beliebt und wird von ihnen als Autorität anerkannt.

Er durchschaut die Täuschungsmanöver seiner Schüler bei der Lateinklassenarbeit, ahndet diese aber nicht, sondern beobachtet sie resigniert, mit „spöttische(r) Gleichgültigkeit" (S. 132). In den im Englischunterricht ausgetragenen zentralen Streit zwischen Klaus und Jürgen über die „mental reservations" der englischen Puritaner (in Wahrheit geht es ganz offensichtlich um die der Partei und der FDJ, die Klaus kritisiert, Jürgen hingegen verteidigt) mischt er sich nicht ein. Auch in der Auseinandersetzung um die Junge Gemeinde verhält er sich nach außen neutral. Zwar sympathisiert er deutlich mit Ingrid, ja er begleitet sie nach ihrer Rede sogar nach Hause. Dennoch beschränkt sich sein Widerstand gegen die staatliche Repression auf eine innere Haltung, nach außen nimmt er gegenüber dem Direktor keine klare Position ein.

Spöttische Resignation

3.5 Sachliche und sprachliche Erläuterungen

Zunächst seien einige Schlüsselbegriffe des Romans erklärt, anschließend werden einzelne Textstellen erläutert.

„sozialistisch", „demokratisch"
→ „UNSERER DEMOKRATISCHEN ORDNUNG" (S. 140)
→ „Die illegale Verbrecherorganisation. Vom kapitalistische Ausland bezahlter Volksfeinde! ... Die in der sozialistischen Heimat ihre reaktionäre Irrlehreverbreiten!" (S. 141)
→ „Die demokratischeMeinungsäusserung." (S. 171 u. a.)

Im ideologisierten Sprachgebrauch der DDR hat das Wort „sozialistisch" eine positive Konnotation im Sinne von fortschrittlich, neu, qualitativ höher stehend. Es bezeichnet etwas Erwünschtes, Angestrebtes, Ideales. Es ist etwa gleichbedeutend mit den ebenfalls häufig vorkommenden Adjektiven „fortschrittlich" oder „positiv". Auch „demokratisch" wird oft im Sinne von „sozialistisch" gebraucht, etwa wenn es über einen Schüler heißt, er sei „kein würdiger Schüler einer demokratischen Oberschule" (S. 143), oder wenn von der „demokratische(n) Presse" (S. 53) die Rede ist. Das Gegenteil von „sozialistisch" bedeutet der Begriff „kapitalistisch", der im DDR-Sprachgebrauch alle negativen Eigenschaften des Westens bündelt.

Gegenbegriff „kapitalistisch"

„bürgerlich"
→ „bescheiden und bürgerlich" (S. 21)
→ „die Bezeichnung 'bürgerlich' begann leicht verächtlich zu klingen" (S. 155)
→ „eine völlig bürgerliche Familie" (S. 222 u. a.).

Der Begriff bezeichnet im marxistischen Sprachgebrauch abwertend alle Merkmale der Bourgeoisie, also des Bürgertums, dem

3.5 Sachliche und sprachliche Erläuterungen

vorgeworfen wird, den Kapitalismus erhalten und im Klassenkampf die Emanzipation des Proletariats verhindern zu wollen. Er meint das Gegenteil von „sozialistisch" und ist etwa gleichzusetzen mit „reaktionär".

„Klassenkampf"
→ „der Klassenkampf hat heut schon eine Minute vor eins aufgehööt" (S. 25)
→ „Hannes hatte sich nur heute morgen mit diesem Klassenkampf beschäftigt" (S. 77 u. a.)

Der Begriff stammt von Karl Marx (1818–1883) und bezeichnet die sozialen, wirtschaftlichen und ideologischen Auseinandersetzungen zwischen den beiden großen gesellschaftlichen Klassen: auf der einen Seite den **Besitzern der Produktivkräfte** (die Menschen mit ihrer Arbeitskraft, ihren Fähigkeiten und ihrem Wissen), auf der anderen Seite den **Besitzern der Produktionsmittel** (Naturreichtümer, Materialien, Maschinen, Arbeitsstätten, Fabriken). Nach marxistischer Theorie ist der Klassenkampf die Triebkraft der gesellschaftlichen Entwicklung in allen Klassengesellschaften bis zum Erreichen des Kommunismus. Wie ein roter Faden zieht er sich durch die gesamte Geschichte von der Antike über das Mittelalter bis zur Französischen Revolution.

Im Alltag und im gesellschaftspolitischen Unterricht in der DDR spielte die Vorstellung vom „Klassenkampf" eine bedeutende Rolle. In der DDR selbst waren offiziell alle Gegensätze zwischen den Klassen aufgehoben, der Konflikt zwischen den Ausgebeuteten, den sogenannten Proletariern, und den Ausbeutern, den sogenannten Kapitalisten, fand nach dieser Darstellung nur noch im kapitalistischen, imperialistischen Ausland statt.

3.5 Sachliche und sprachliche Erläuterungen

„FDJ"
Abkürzung für die am 7. März 1946 gegründete „Freie Deutsche Jugend", die einzige zugelassene Massenorganisation für die Jugend in der DDR. Ab dem Alter von 14 Jahren wurde nahezu jeder Jugendliche Mitglied der FDJ, viele auch aus praktischen Gründen, denn eine Verweigerung der Mitgliedschaft konnte einem die berufliche Zukunft verbauen. Schulklassen traten der Organisation meist fast vollständig bei, der Gruppenvorsitzende hatte einen dem Klassensprecher vergleichbaren Posten inne.

Die wesentliche Aufgabe der FDJ bestand darin, junge Menschen im Geist des Marxismus-Leninismus zu erziehen. So heißt es im Statut der FDJ:

> „Die Freie Deutsche Jugend betrachtet es als ihre Hauptaufgabe, der Sozialistischen Einheitspartei Deutschlands zu helfen, standhafte Kämpfer für die Errichtung der kommunistischen Gesellschaft zu erziehen , die im Geiste des Marxismus-Leninismus handeln. Sie sorgt dafür, dass ihre Mitglieder und die gesamte Jugend sich als sozialistische Patrioten und proletarische Internationalisten bewähren, ihr sozialistisches Vaterland als untrennbaren Bestandteil der um die Sowjetunion gescharten sozialistischen Staatengemeinschaft stärken und jederzeit zur Verteidigung des Friedens und des Sozialismus bereit sind".[25]

Um die Jugendlichen für sich zu gewinnen, veranstaltete die FDJ Jugendclubs, Rockkonzerte und Ferienlager und sorgte für gemeinsame Freizeitgestaltung. Sie verfügte über einen eigenen Apparat, eigene Funktionäre, eine eigene Tageszeitung („Junge Welt", „JW") und Hochschule. Ihre Mitglieder trugen bei Veranstaltungen und

---

25 Zitiert nach: Wolf, S. 61 f.

3.5 Sachliche und sprachliche Erläuterungen

Eine FDJ-Demonstration in der DDR um 1953
© ullstein bild – Perlia

besonderen Anlässen ein blaues Hemd bzw. die Mädchen eine blaue Bluse mit dem Emblem einer aufgehenden Sonne am Ärmel.

„Sozialistische Einheitspartei Deutschlands (SED)"
Die Sozialistische Einheitspartei Deutschlands wurde am 21. April 1946 in der sowjetischen Besatzungszone (SBZ) gegründet. Sie ging aus der Zwangsvereinigung der Kommunistischen Partei Deutschlands (KPD) und der Sozialdemokratischen Partei Deutschlands (SPD) hervor. Als marxistisch-leninistische Partei übernahm sie in der 1949 gegründeten DDR die Führungsrolle und wurde im Lau-

3.5 Sachliche und sprachliche Erläuterungen

fe der Jahre zur alleinregierenden Partei. Innerhalb der SED selbst herrschte eine strenge Hierarchie. Nicht nur die Ämter der Exekutive, Legislative und Judikative wurden mit Parteimitgliedern besetzt, auch die Betriebe, Einrichtungen und damit das gesamte öffentliche Leben in der DDR standen unter dem direkten Einfluss der Partei.

Übertragung von Ingrids Geschichte von Peter und der Milch

In Plattdeutsch erzählte Geschichte

Die **kleine Geschichte** erzählt Ingrid Klaus, um ihn davon abzuhalten, weiter von Elisabeth Rehfelde und ihrer Flucht in den Westen zu sprechen (vgl. S. 230 f.). Johnson deutet hier nur durch den Hinweis auf den Durchbruch in der Stadtmauer an, dass das Gespräch der beiden wahrscheinlich von einem Stasispitzel mitgehört wird. Die Geschichte, die Ingrid in dem für einen Außenstehenden unverständlichen Plattdeutsch wiedergibt, wird hier als Ganzes übersetzt.

Einst hatte Peter Milch in die Stadt gefahren: sagte Ingrid.
Ja: sagte Klaus.
Er fährt raus aus dem Dorf mit seinem Wagen, hat da die Kannen drauf, die stehen da nebeneinander ohne Deckel, und das klappert und klatscht. So fährt er nun.
Steht da ein Junge am Weg: sagte Ingrid. Der sagt zu Peter, ob er wohl mitfahren könne. Sicher, sagt Peter. Na.
Na: sagte Klaus. – Der Junge klettert rauf, setzt sich neben Peter und freut sich ja wohl, dass er mitfahren kann. Er guckt zu den Pferdeköpfen, wie sie auf und runter gehen, und nach Peters Händen, wie die das mit der Leine machen, und so, nicht?
Aber das ist ja nun mal immer dasselbe: sagte Ingrid.
Am Ende dreht sich der Junge um auf dem Bock und sieht nach den Milchkannen. Wie sie da stehen in der Sonne und die Milch klatscht immer hoch vom rumpeligen Fahren. Na …: sagte Ingrid.
Na nu jedenfalls: sagte Klaus.

3.5 Sachliche und sprachliche Erläuterungen

... fängt der Junge an ... in die letzte Kanne in der inneren Ecke reinzuspucken. Trifft sie auch: sagte Ingrid: Freut einen doch, nicht?
Die nächste: sagte Klaus: steht da nun gleich daneben, kann's ja versuchen ...
Er trifft sie auch: sagte Ingrid.
Na, er spuckt nun im Aufsitzen in die Milch, immer strikt der Reihe nach ...: sagte Klaus.
Er lernt immer was dazu: sagte Ingrid, – geht immer besser: sagte Klaus.
Sicher: sagte Ingrid.
Nicht? sagte Klaus.
Als er nun bei der vorletzten Reihe angekommen ist: sagte Ingrid: dreht Peter sich um und sieht, was der Junge da macht und wundert sich! Kannste verstehen.
So wundert er sich weiter (wörtlich: bleibt er dabei sich zu wundern), dann nimmt er die Pfeife aus dem Mund, dann sagt er: sagte Klaus.
Hat er gesagt ...: sagte Ingrid.
Ja, sagt er: sagte Klaus.
Schadet ja nichts ...: sagte Ingrid.
Aber was soll das?
Sagt er! sagte Ingrid lachend.
(...)
Aber Peter und der Junge mit ihrem Wagen, die fahren ja weiter.

Dazu schreibt die Literaturwissenschaftlerin Barbara Scheuermann:

„Der am Wege stehende Junge, den Peter auf seinem Milchwagen mit in die Stadt nimmt und der dann unterwegs seinen Spaß daran hat, in die Milchkannen (...) hineinzuspucken, bleibt am Ende auf Peters verwunderte Frage, was das denn solle, die

3.5 Sachliche und sprachliche Erläuterungen

Antwort schuldig. Dass man etwas tut, was eigentlich nicht erlaubt ist und sich nicht gehört, nur aus Schabernack oder Langeweile, einfach weil es Spaß macht, wird hier als Ausdruck jugendlicher Aufsässigkeit durch die gleichmütige Reaktion des Älteren freundlich hingenommen. Auf Peters 'Schaodt je niks… (…) Öwe wat sall dat?' muss keine ausführliche Rechtfertigung oder Entschuldigung folgen; das Einvernehmen der beiden auf dem Milchwagen Sitzenden ist durch das, was der Junge getan hat, nicht gestört."[26]

Titel	**Reifeprüfung**	Abitur
S. 9	**Ali Baba**	Figur aus der Geschichtensammlung *Tausendundeine Nacht*
S. 10	**Mardshanah**	Die kluge Sklavin Mardshanah hilft Alibaba, vierzig Räuber zu bezwingen und in den Besitz von deren riesigen Schatz zu gelangen.
S. 12	**kalfaltern**	bei einem Schiffsrumpf die Fugen mit Teer und Werg abdichten
	Werg	Abdichtungsstoff aus Hanffasern
	achtern	in der Seemannssprache „hinten"
S. 13	**Genossenschaft**	Einstmals selbstständige handwerkliche, gärtnerische und landwirtschaftliche Betriebe wurden in der DDR mit dem Ziel einer größeren Effizienz in staatlich gelenkte Produktionsgenossenschaften eingegliedert, z. B. die Landwirtschaftliche Produktionsgenossenschaft (LPG).
S. 14	**Se sünd sche woll nich de „Schwanhavel"? Goden Dag ok**	Sie sind ja wohl nicht die „Schwanhavel"? Guten Tag auch.

---

26 Scheuermann, S. 83 f.

3.5 Sachliche und sprachliche Erläuterungen

	Wat sünd wi schuldich?	Was sind wir schuldig?
	Von Se kriegn wi niks.	Von Ihnen kriegen wir nichts.
	Bi de Immen	Bei den Bienen
S. 19	**Wolga-Don-Kanal**	Der im Juni 1952 eingeweihte Kanal, der Wolga und Don verband, zählte zu den Großprojekten in Russland unter stalinistischer Herrschaft.
S. 21	**Schädling**	Volksschädling, Volksfeind. Mit dem aus der Landwirtschaft stammenden Begriff wird der Gegner emotional abgewertet und seiner Würde beraubt.
S. 24	**Johann Wolfgang von Goethe**	Dichter (1749–1832)
	Karl Marx	Philosoph (1818–1883), Theoretiker des Sozialismus und Kommunismus
	Fraktur	vom 16. bis zum Beginn des 20. Jahrhunderts in Deutschland geläufige Schriftart
S. 25	**ssu ä-gin**	zu ärgern
S. 28	**Mark**	Deutsche Mark, Währung in der Sowjetischen Besatzungszone (SBZ)
S. 30	**Doch man so**	geht so
S. 31	**So lange**	So long (dt.: bis dann, tschüss)
S. 33	**Führer der Kommunistischen Partei der Sowjetunion**	Von 1922 bis 1953 hatte Josef Stalin das Amt des Generalsekretärs der KPdSU inne.
	vorige Regierung	Gemeint ist die Herrschaft der Nationalsozialistischen Partei Deutschlands von 1933 bis 1945
S. 34	**Freien Deutschen Jugend**	s. dazu S. 64 f. dieser Erläuterung

3.5 Sachliche und sprachliche Erläuterungen

	Junge Gemeinde	Jugendgruppe innerhalb der Evangelischen Kirchen in der DDR
	Klaus weit ok niks von den'n Lepel.	Klaus weiß auch nichts von dem Löffel.
S. 35	Vleich findt hei em noch eins	Vielleicht findet er noch einen
	Komm, Herr Jesus, sei unser Gast; und segne – was du uns bescheret hast	Tischgebet
S. 38	Reling	Schiffsgeländer
S. 39	Rägn	Regen
	Dat sechst du so	Das sagst du so
S. 37	Katzenkopfpflaster	grobes Straßenpflaster aus Natursteinen, das sich gelegentlich noch in mittelalterlichen Städten findet
S. 40	Ik hew all dacht du keemst nich	Ich habe schon gedacht, du kämest nicht
	auftakeln	Segel setzen
	Luv	die dem Wind abgewandte Seite des Bootes
	Fockschot	Leine zum Bedienen des Segels
	Stander	Wimpel, Flagge
S. 41	Squit	engl. kleiner Scheißer
	Jolle (H)	kleines, flaches Segelboot für Binnengewässer
	achterlicher Wind	Rückenwind
	Fock	Vorsegel
	Baas	Schiffer, Meister, Anführer
	preislich	auffällig, großartig, wichtig

3.5 Sachliche und sprachliche Erläuterungen

	Pinne	Ruderstock, mit dem im Segelboot die Richtung gesteuert wird
	grienen	freundlich grinsen, schmunzeln
S. 42	Tschä...: das is ja nu allens so wie es is.	Tja, das ist ja nun alles so, wie es ist.
	Ja-a-a... und männchmal is das denn Schahrende schpäte, ... nich?	Ja, und manchmal ist das dann Jahre später, nicht wahr?
	sahng	sagen
S. 43	Lee	die dem Wind zugekehrte Seite des Bootes
	Grossbaum	der Baum, an dem das Großsegel angebracht ist
	Halse	Manöver beim Segeln
	Godewind	Guter Wind
S. 45	SV Empor	Sportvereinigung in der DDR
	Kielwasser	die Spur, die ein Schiff durch das Wasser zieht
S. 47	Sühst woll	Siehst du wohl
	Stag	Stahlseil zur Befestigung des Mastes in Längsrichtung des Schiffes
S. 48	Wat meinst du, Schügn?	Was meinst du, Jürgen?
S. 49	herangestakt	staken: sich mit dem Ruder oder einer Stange in flachem Gewässer vom Boden abstoßen
	plier	blinzelnd
S. 52	Freundschaft	Offizieller Gruß in der FDJ, mit dem ab der achten Klasse auch Unterrichtsstunden begonnen wurden. Darin drückte sich der Anspruch der FDJ aus, mit allen fortschrittlichen Kräften in der Welt Freundschaft zu halten.

3.5 Sachliche und sprachliche Erläuterungen

S. 54	**Kugelkreuz**	christliches Symbol, das das Kreuz auf der Weltkugel darstellt
	Grossbauer	Die Agrarpolitik der jungen DDR zielte nach dem Zweiten Weltkrieg auf die Zerschlagung des Großgrundbesitzes und des Großbauerntums ab. Als Großbauer bezeichnete man abwertend jene Bauern, die einen Altbesitz zwischen 20 und 100 Hektar Land hatten. Sie galten als konservativ, reaktionär und klassenfeindlich.
S. 55	**Du bischa woll za-at**	Du bist ja wohl zart
S. 57	**Das ist Mannesmut vor Königsthronen!**	Anspielung auf Schillers Gedicht *An die Freude* („Männerstolz vor Königsthronen")
S. 58	**Ich aa-me geplachte, Ä-ssiehunksberechtichte!**	Ich arme, geplagte Erziehungsberechtigte!
S. 61	**Pius**	lat.: der Fromme; männlicher Vorname, der von vielen Päpsten getragen wurde, vgl. S. 86
	Pumpenschwengel	schwenkbarer Griff an einer Wasserpumpe
	mähliche	allmählich
S. 62	**Sacht ä: das hat niks ssu sagn**	Sagt er: das hat nichts zu sagen
	Was sach-stu dassu, sacht ä?	Was sagst du dazu, sagt er?
S. 63	**Schleete**	langes, zaunähnliches Holzscheit
	sträubig	struppig, rau
	Blesse	bei Pferden hellere Zeichnung des Fells in Form eines Streifens von der Stirn bis zur Schnauze

3.5 Sachliche und sprachliche Erläuterungen

S. 69	Senker	Bei Sträuchern eine Art der Vermehrungsform. Die jungen Äste werden herabgebogen und mit Erde bedeckt. Sobald sich neue Wurzeln gebildet haben und der Senker kräftig genug ist, wird er von der Mutterpflanze getrennt.
	Grosser Krieg	Gemeint ist der Zweite Weltkrieg.
	Apostel Matthäus	einer der Jünger Jesu
S. 70	Partei von Arbeitern und Bauern	Gemeint ist die sozialistische Einheitspartei Deutschlands (SED). Nach marxistisch-leninistischer Auffassung sollte der kapitalistische Staat durch eine Revolution zerschlagen und durch die Herrschaft der Arbeiter und Bauern ersetzt werden. Seit 1952 bezeichnete sich die DDR offiziell als Arbeiter-und Bauern-Staat.
S. 71	De hürt to Klaas	Die gehört zu Klaus
S. 72	Öwer Se glöben sche ok nich dor an.	Aber Sie glauben ja auch nicht daran.
	Dat's woll anners bi mi	Das ist wohl anders bei mir
S. 74	Tanting	Tante
S. 75	Hei kümmt!	Er kommt!
S. 77	Feudalordnung	mittelalterliche Gesellschafts- und Wirtschaftsordnung, die auf dem Lehnsrecht aufbaut und bei der aristokratische Grundbesitzer alle Herrschaftsfunktionen ausüben
S. 78	Weile	Zeit
S. 79	Pestilenz	veraltet für Pest
S. 82	Young Congregation	engl. Junge Gemeinde
	enclosures	engl.: Einzäunungen, Einhegungen. Zwischen Mitte des 15. und Anfang des 16. Jahrhunderts wurde in der englischen Landwirtschaft vormals

3.5 Sachliche und sprachliche Erläuterungen

		gemeinschaftlich genutztes Land eingezäunt und mit höherem Ertrag privat bewirtschaftet.
S. 91	**der Gestiefelte Kater**	Figur aus Grimms Märchen
S. 93	**Bauchwelle**	Turnübung an der Reckstange
S. 94	**mall**	wahnsinnig, idiotisch
S. 96	**Romantik**	Epoche in der Literatur (etwa 1795–1835)
	Weimarer Klassik	Bezeichnung für die Jahre von etwa 1794 bis 1805, in denen in Weimar Goethe, Schiller, Herder und Wieland wirkten.
	„Und zu enden meine Schmerzen, / Ging ich einen Schatz zu graben. Meine –."	Auszug aus Johann Wolfgang von Goethes Ballade *Der Schatzgräber*.
S. 98	**Pathos**	Erhabenheit, Getragenheit. In der klassischen Rhetorik ein Überzeugungsmittel der Rede. In der Weimarer Klassik, insbesondere bei Friedrich Schiller, spielt der Begriff des Pathetisch-Erhabenen eine herausragende Rolle.
	Die Bürgschaft	Ballade von Friedrich Schiller aus dem Jahr 1798, in dem es um bedingungslose Freundschaft geht. Damon will die Stadt Syrakus von dem Tyrannen Dionys befreien. Sein Vorhaben scheitert, und er wird zum Tode verurteilt, doch König Dionys gewährt ihm einen letzten Wunsch. Damon will an der Hochzeit seiner Schwester teilnehmen und nach drei Tage zurück sein. Als Bürgen lässt er einen Freund da, der an seiner Stelle sterben soll, für den Fall, dass er bis dahin nicht zurück sein wird. Auf der Rückkehr von der Hochzeit stellen sich Damon viele Hindernisse in den Weg, doch in der letzten Minute erreicht er die Stadt und rettet den Freund vor dem sicheren Tod. Gerührt

3.5 Sachliche und sprachliche Erläuterungen

		von der Freundschaft und Treue begnadigt der König Damon und bittet die beiden, ihn in ihrem Bund aufzunehmen. Die folgenden zwei Strophen („Oh edle Zeit, oh menschliches Gebaren") stammen aus Schillers *Bürgschaft*.
	AFN	Der amerikanische Soldatensender American Forces Network (AFN) strahlte nach dem Zweiten Weltkrieg nicht nur in die westlichen, sondern auch in die sowjetische Besatzungszone aus. Besonders die Jazzsendungen waren im Osten sehr beliebt. In der DDR der fünfziger Jahre galt Jazz offiziell als dekadent und nicht staatskonform.
S. 99	Kalter Krieg	der militärisch nie offen ausgetragene Konflikt zwischen den Westmächten und dem Ostblock zwischen 1947 und 1989
	„Solch ein Gebaren ..."	Hier folgen Zeilen aus Bertolt Brechts ironisch-spöttischer Replik auf Schillers Ballade. Darin erscheint Schillers Glauben, man könne Tyrannen zu besseren Menschen erziehen, als pure Illusion.
	Führer aller Völker	Gemeint ist Josef Stalin.
S. 100	sä de Voss, dunn wiern de Hunn all öwer em	sagte der Fuchs, dann waren die Hunde schon über ihm
S. 101	Ehrenbürger der französischen Revolution	1792 beschloss die französische Nationalversammlung, Persönlichkeiten, die sich für Freiheit und Humanität eingesetzt hätten, in den Rang französischer Ehrenbürger zu erheben. Neben George Washington und Friedrich Gottlieb Klopstock wurde auch Friedrich Schiller, der die Französische Revolution anfangs wohlwollend betrachtet hatte, die Hinrichtung der Könige unter der jakobinischen Terrorherrschaft jedoch scharf verurteilte, diese Ehre zuteil.

3.5 Sachliche und sprachliche Erläuterungen

S. 103	**angelegentlich**	eindringlich
	Goin' Outside	ein amerikanischer Song, wörtlich: nach draußen gehen
S. 104	**Dat hew'k mi doch dacht. Ji wullt beten Saft hebbn för de Hitt, nich?**	Das habe ich mir doch gedacht. Ihr wollt Beerensaft haben für die Hitze, nicht?
	Ik wull Se man blot helpen bi't Awdrögn	Ich wollte Ihnen bloß helfen beim Ausdrücken
	schilpen	piepsen, singen
	Wir sünd uns denn un-ei-nich, ne-ich?	Wir sind uns dann uneinig, nicht?
S. 105	**Revolution und Konterrevolution…erste Dekrete**	Die aufgrund von Massenarmut und politischer Unterdrückung anhaltenden sozialen Unruhen in Russland mündeten in der Revolution von 1905. Zwar wurden gewisse bürgerliche Freiheitsrechte und eine parlamentarische Vertretung durch die Duma gewährt, doch in den folgenden Jahren wurden alle liberalen Reformen wieder zurückgenommen und die autokratische Herrschaft Zar Nikolaus des II. verfestigt. Nach dem Ende des Ersten Weltkriegs und der Abdankung des Zaren übernahmen im Oktober 1917 die Bolschewisten unter Führung von Wladimir Iljitsch Lenin die Macht. Durch die ersten Dekrete, die u. a. eine Aufnahme von Friedensverhandlungen mit Deutschland und eine Neuordnung von Grund und Boden vorsahen, suchte die Regierung einen breiten Rückhalt in der Bevölkerung zu gewinnen.

3.5 Sachliche und sprachliche Erläuterungen

	Kriegskommunismus	Begriff für die Wirtschaftspolitik Sowjetrusslands zwischen 1918 und 1922, die eine – notfalls auch mit Gewalt durchzusetzende – Aufhebung des Privateigentums im Industrie-, Banken und Verkehrssektor sowie beim Großgrundbesitz verfolgte.
S. 106	**LPGs**	Landwirtschaftliche Produktionsgenossenschaften, vgl. S. 68 dieser Erläuterung
S. 107	**Polizei für Staatssicherheit**	Das 1950 gegründete Ministerium für Staatssicherheit (MfS, im Volksmund auch „Stasi" genannt) war in der DDR zuständig für Spionage im In- und Ausland. Aufgabe der Stasi-Mitarbeiter war es, gegen jedes – vermeintlich oder tatsächlich – regierungsfeindliche Verhalten vorzugehen.
S. 108	**Is scha fürchterlich!**	Ist ja fürchterlich!
	Das will' ch dich sahng.	Das kann ich dir sagen!
	Stern	Bereich im Bug des Bootes
S. 109	**Petri Heil**	traditioneller Anglergruß, der dem Gegrüßten einen reichen Fang wünscht
	Petri Dank	Antwort auf den Gruß
	Öwer dat helpt nich veel.	Aber das hilft nicht viel.
	Hüt hew ik man drei sone lütten Dinger hatt, (…) de Biester bieten sche nich.	Heute hatte ich gerade mal drei solche kleinen Dinger, die Biester beißen ja nicht an.
	De bieten nich?	Die beißen nicht an?
	De können doch noch nich satt sin?	Die können doch noch nicht satt sein?

3.5 Sachliche und sprachliche Erläuterungen

	Öwer de Hitt, Mäten, de Hitt!	Aber die Hitze, Mädchen, die Hitze!
	achteran	plattdt.: hinterher
	Riemen	in der Schifffahrt Bezeichnung für Ruder
	Eins seihn wat sik daun lätt	Mal sehen, was sich tun lässt
S. 111	dschunges Glück	junges Glück
	Was ein'n Äge!	Was für ein Ärger!
S. 112	wegstaken	stelzen, auf langen dünnen Beinen gehen
	Benzolreihen	aromatische Verbindungen, die sich vom Benzol ableiten
S. 114	versöhnlerisch	abwertende Bezeichnung für antimarxistisches Verhalten, das auf den (kapitalistischen) Gegner zugeht
S. 117	Giwt dat Rägn?	Gibt das Regen?
S. 118	Nee-i. Glöw nich.	Nein. Ich glaube nicht.
	Gerundium	im Lateinischen Form der Substantivierung von Verben
S. 121	Go down: Moses! Way – down – in E-gypts land. Tell - the old Pharao (...) to let my people go	alter, von den Sklaven im amerikanischen Virginia gesungener Spiritual, der sich auf die Geschichte im Alten Testament bezieht, in der Moses von Gott den Befehl erhält, zum Pharao zu gehen und die Freilassung der in Ägypten versklavten Israeliten zu fordern
S. 122	bürgerliche Jahrhunderte	Die Zeit zwischen der französischen Revolution von 1789 und dem Ende des 19. Jahrhunderts war in politischer, ökonomischer und auch kultureller Hinsicht vom Bürgertum geprägt.
	Nobody knows. BUT JESUS.	amerikanischer Spiritual

3.5 Sachliche und sprachliche Erläuterungen

	Glory allelujah	Auszug aus „The Battle Hymn of the Republic", einem während des amerikanischen Bürgerkriegs verfassten (1861–1865) patriotischen Lied
S. 123	Reling	Geländer um das Boots- oder Schiffsdeck herum
	Achterdeck	Hinterdeck
S. 124	Dat harst bequemer hebbn künnt.	Das hättest du bequemer haben können.
S. 125	Nu maok ik denn Kaffe dat drüdte Maol waam!	Nun mach ich den Kaffee das dritte Mal warm!
	Wo de de Lerre hochgüng: as ne Katt!	Wie der die Leiter hochging: wie eine Katze!
	Dise Bräude	Diese Brüder
	Kiek, wo hei mi ähnlich lett	Sieh, wie er mir ähnlich sieht
S. 126	Prahm	Lastkahn ohne eigenen Antrieb
S. 127	Mogn Schügn	Guten Morgen, Jürgen
	Töw man	Warte mal
S. 128	Thank you ever so much	Ganz herzlichen Dank!
S. 129	So lange	So long (Tschüss, bis dann)
	Er übertreibt würklich 'n büschen	Er übertreibt wirklich ein bisschen
S. 130	Lok Leipzig	1. FC Lokomotive Leipzig, Fußballverein
S. 134	Sueben	eine Stammesgruppe germanischer Völker
	Divini amoris	die göttliche Liebe
S. 136	Hei kümmt!	Er kommt!

3.5 Sachliche und sprachliche Erläuterungen

S. 137	fininsch	heimtückisch, schlau
S. 138	**Will Sie ja gaa nich sswingen**	Will Sie ja gar nicht zwingen
	ssu	zu
	Radfahrer	umgangssprachliches Schimpfwort für jemanden, der nach unten tritt und nach oben buckelt, also gegenüber Untergebenen herrisch, gegenüber Vorgesetzten dagegen unterwürfig ist
S. 139	**Ein'n Trost möt'n hebben: sä de Mus. Dor hett de Katt sik ierst eins wat spelt mit ehr.**	Einen Trost muss man (wenigstens) haben, sagte die Maus, als die Katze erst noch ein bisschen mit ihr spielte.
S. 140	Aula	Versammlungssaal in Schulen und Hochschulen
S. 141	blaue Hemden	in der DDR seit 1948 offizielle Kleidung der FDJ, die bei bestimmten offiziellen Ereignissen getragen werden musste
S. 142	**die Stellung Martin Luthers im deutschen Bauernkrieg**	Der deutsche Bauernkrieg bezeichnet eine Reihe von kleineren Aufständen und Protestaktionen, die sich zwischen 1524 und 1526 über Süddeutschland, die Rheinlande und Mitteldeutschland ausbreiteten. Dieser „Revolution des Gemeinen Mannes"[27] lagen verschiedene politische, wirtschaftliche, soziale und auch religiöse Ursachen zugrunde. Die Bauern wehrten sich gegen die Frondienste und Abgaben, die sie ihren Herrschaften leisten mussten, wie auch gegen rechtliche Einschränkungen. Sie beriefen sich dabei auch auf die 1520 erschie-

---

27 Peter Blickle: *Der Bauernkrieg. Die Revolution des Gemeinen Mannes*. München: C. H. Beck, 2011.

3.5 Sachliche und sprachliche Erläuterungen

		nene Schrift des Reformators Martin Luther (1483–1546) *Die Freiheit eines Christenmenschen*, der sich indes von den Aufständischen distanzierte. In der marxistischen Geschichtsschreibung der DDR spielte der Bauernkrieg eine große Rolle und galt als „frühbürgerliche Revolution". Ihr Anführer Thomas Münzer wurde als sozialistischer Vorkämpfer verehrt.
S. 147	additive Zusammenstellung	Aneinanderreihung
	rhetorische Figur	sprachliche Darstellungsform, die vom Schriftsteller oder Redner bewusst eingesetzt wird, um beim Leser bzw. Zuhörer eine bestimmte Wirkung zu erzielen
S. 148	weisse Fahne, in deren Mitte eine blaue Taube dargestellt war	Symbol des 1949 gegründeten „Deutschen Komitees der Kämpfer für den Frieden", seit 1953 „Deutscher Friedensrat"
S. 149	doower Sitzplan	doofer Sitzplan
	Pius is'n orntlichen Minschen	Pius ist ein ordentlicher Mensch
S. 150	human stupidity	menschliche Dummheit
	Vergesellschaftung	Begriff in der politischen Ökonomie des Sozialismus für Produktivitätssteigerung durch Enteignung und Verstaatlichung von Unternehmen
S. 151	Douglas DC-4 Clipper	amerikanisches Passagierflugzeug
S. 155	Gross-Schot	Tauwerk zum Bedienen des Großsegels
S. 156	(bürgerlicher) Klassenfeind	von der Parteipropaganda geprägtes Bild eines gegen die DDR und die Arbeiterklasse agierenden Gegners
	„Führer der Völker"	Bezeichnung für Josef Stalin (1878–1953), Diktator der Sowjetunion

3.5 Sachliche und sprachliche Erläuterungen

	Kornsilos	Getreidespeicher
	Agitationen	lat. agitare: aufstacheln, aufwiegeln. Im Unterschied zu „Propaganda" in der DDR ein positiv besetzter Begriff, der politische Aufklärungs- und Überzeugungsarbeit bezeichnet.
S. 157	Lern-Kollektiv	Nach russischem Vorbild bezeichnet „Kollektiv" eine Gruppe von Menschen, die sich in der sozialistischen Gesellschaft zu einem bestimmten, mit der Staatsideologie übereinstimmenden Zweck zusammentun. Kollektive gab es in allen Lebensbereichen, bei der Arbeit, im Sport und auch in der Freizeit.
S. 158	Pfänderspiel	Gesellschaftsspiele, bei denen der, der eine Runde verloren hat, ein Pfand abgeben muss
S. 159	Peekschlitten	kleiner Holzschlitten, auf dem man steht und sich mit Hilfe der Peik, einer mit Eisenspitze versehenen Holzstange, auf dem Eis abstößt
S. 160	Ministerium für Volksbildung	Das Ministerium war seit 1950 zuständig für das Schulwesen wie auch die außerschulische Erziehung von Kindern und Jugendlichen.
S. 162	Leumund	Ruf, Ansehen
S. 164	Sonderschule der Freien Deutschen Jugend	Die FDJ verfügte über eine Reihe von Sonderschulen, auf denen Funktionäre eine besondere politische Ausbildung erhielten.
S. 166	„De tweismeten Kruk"	*Der zerbrochene Krug*, 1808 uraufgeführtes Lustspiel von Heinrich von Kleist (1777–1811)
	Dorfrichter Adam, Schreiber, Licht, Frau Marthe, Gerichtsrat Walter, Eve, Ruprecht, Frau Brigitte, Vater Veit	Figuren aus *Der zerbrochene Krug*

3.5 Sachliche und sprachliche Erläuterungen

S. 167	**Kalfaltern**	s. Erläuterung zu S. 12
	That there was not any klassenkampf	dass es da keinen Klassenkampf gab
S. 172	**sä de oll Frau, dunn**	sagte die alte Frau, dann …
S. 184	**Schwert**	bei einem Segelboot bewegliche Kunststoff- oder Stahlplatte unter dem Rumpf, die das Abdriften verhindern soll
	da sei niks ssu danken	da sei nichts zu danken
S. 185	**Waschbord**	Erhöhung der Bordwand über das Deck hinaus zum Schutz vor Abrutschen
	Was ein Boot!!	Was für ein Boot!
S. 187	**Rhee!**	Kommando beim Manöver des Wendens
	Fock	Vorsegel
	über Stag gehen	das Wenden des Segelbootes gegen den Wind
S. 189	**De hett all werre wenige Waore as hüt middach.**	Der hat noch immer noch so wenig Wasser wie heute Mittag.
	Moign mücht dat rägn.	Morgen soll es regnen.
S. 191	**aufjachen**	jachen: heulen, jaulen
S. 192	**Konterrevolution**	Gegenrevolution, Kampf gegen eine erfolgreiche Revolution zur Wiederherstellung der ursprünglichen politischen Verhältnisse
S. 193	**Pomuchelskopf**	Dickkopf, Dummkopf
	Gode Nacht	Gute Nacht
S. 194	**Humanistisch Denkenden**	In Anlehnung an Karl Marx' Konzept eines realen Humanismus wurde in der DDR humanistische Bildung nicht mehr als Sache einer

3.5 Sachliche und sprachliche Erläuterungen

		(bürgerlichen, herrschenden) Elite propagiert, sondern zur Massenangelegenheit erklärt. Realer Humanismus beinhaltete den Kampf der Proletarier für Frieden und Sozialismus, gegen Feudalismus und Monopolkapital.
S. 197	**lex, legis, legi, legem**	Deklination von lex, lat.: Gesetz
S. 212	**sphärische Trigonometrie**	Teilgebiet der Geometrie, befasst sich mit der Berechnung von Dreiecken auf der Kugeloberfläche
S. 214	**ZSGL der Freien Deutschen Jugend**	Zentrale Schulgruppenleitung der FDJ
S. 219	**Paracelsus**	Arzt, Astrologe, Philosoph (1493–1541)
S. 226	**Artikel der Verfassung 41 42 43**	Laut Artikel 41 der Verfassung der DDR genießt jeder Bürger „volle Glaubens- und Gewissensfreiheit" und das Recht auf „ungestörte Religionsausübung". Artikel 42 besagt, private oder staatsbürgerliche Rechte würden durch Religionsausübung nicht berührt. Artikel 43 gewährleistet „die Freiheit der Vereinigung zu Religionsgemeinschaften".
	Artikel 9 12	Artikel 9 der Verfassung der DDR gesteht allen Bürgern das Recht der freien Meinungsäußerung zu. Artikel 12 gewährt ihnen das Recht, Vereine oder Gesellschaften zu bilden.
S. 227	**Brandenburgisches Konzert**	Als Brandenburgische Konzerte bezeichnet man sechs Konzerte von Johann Sebastian Bach (1685–1750), die der Komponist 1721 dem Markgrafen Christian Ludwig von Brandenburg-Schwedt widmete.
	Grosses Konzert	wörtliche Übersetzung der italienischen Gattungsform „Concerto grosso", bei dem eine kleine solistische Gruppe mit dem großen Hauptorchester im Wechselspiel steht

3.5 Sachliche und sprachliche Erläuterungen

S. 232	**Un wo hest du di dat wire dacht?**	Und wie hast du dir das wieder gedacht?
	Doe is je woll wire niks to bedenken	Da ist ja wohl wieder nichts zu bedenken
	Doe wad mi kein ein helpn. Ik möt sein wo ik dööchkaom.	Da wäre für mich keiner, der mir hilft. Ich möchte dahin, wo ich durchkomme.
	Doe hebbn wi iest recht kein'n	Da haben wir erst recht keinen
	Din Varre wull juch gien up de Schaul. Un ji sid de letzten Niebuhrs.	Dein Vater wollte, dass ihr zur Schule geht. Und ihr seid die letzten Niebuhrs.
	Ik gao to Schaul	Ich gehe zur Schule
	Frau Baobendeeede, niks in' Bösen	Frau Babendererde, nichts für Ungut
	Hei hett Recht	Er hat Recht
	Ik harr Ingrid ok leewe woannes.	Ich habe Ingrid auch lieber woanders.
	Twei Schaor lang nembi abeidn	Zwei Jahre lang nebenbei arbeiten
S. 233	**Tornister**	Ranzen
S. 236	**Pütz**	Eimer mit einer Leine am Henkel
S. 237	**Bug**	Vorderteil eines Schiffes
S. 240	**Schleete**	s. Erläuterung zu S. 63
	Prahme	Einfacher Lastkahn ohne Motor
S. 241	**halse vor**	Manöver beim Segeln
S. 242	**Grossfall**	Großsegel

3.5 Sachliche und sprachliche Erläuterungen

S. 244	**Billie May and his orchestra: Goen outside**	Billie May spielte in den dreißiger Jahren als Trompeter bei Glenn Miller. In den fünfziger Jahren spielte er mit seinem eigenen Orchester Swing- und Jazzmusik. In dem amerikanischen Jazztitel *Going outside* klingen Freiheit und Aufbruch an.

3.6 Stil und Sprache

> **ZUSAMMENFASSUNG**
>
> → In Johnsons *Ingrid Babendererde* herrscht eine auktoriale Erzählsituation vor. Allerdings wird das Geschehen immer wieder aus der Perspektive wechselnder Figuren erzählt, was die Identifikation des Lesers mit einer einzigen Person erschwert und ihn zum Mitdenken auffordert.
> → Der Roman zeichnet sich durch eine knappe, lakonische, zugleich aber poetische, bisweilen fast manierierte Sprache aus. Auffallend sind eine eigenwillige Syntax und Orthografie sowie Anleihen aus der Umgangssprache, dem offiziellen DDR-Sprachjargon und auch der Bibel.
> → In den Dialogen zwischen Schülern, Familienmitgliedern und Nachbarn verwendet Johnson häufig den niederdeutschen Dialekt, wenn Vertrautheit und Nähe zwischen den Personen herrscht. Dagegen steht das Hochdeutsche, das unter Parteimitgliedern und im Schulunterricht gesprochen wird, für Entfremdung und politische Sprachindoktrination.

Ingrid Babendererde zeichnet sich durch einen kunstvollen und ausdrucksstarken Stil und eine eigenwillige, poetische Sprache aus. Eine bloß unterhaltsame, genießerische Lektüre bietet der Roman nicht, sondern der Leser wird stets aufs Neue gefordert und zur Mitarbeit gezwungen. Eine Besonderheit von Johnsons Erstlingsroman, die beim Leser für Irritation sorgt, ist etwa der **wiederholte abrupte Perspektivwechsel**. In der Literaturwissenschaft unterscheidet man die auktoriale Erzählsituation, in der ein allwissender Erzähler seine Sicht der Dinge schildert, eingreift und kommentiert,

Kunstvoller, poetischer Stil

3.6 Stil und Sprache

Auktoriale Erzählhaltung vs. Passagen personalen Erzählens

von der personalen Erzählersituation, in der die erzählte Welt durch die Augen einer oder mehrerer Figuren dargestellt wird.[28] Im Roman *Ingrid Babendererde* herrscht die auktoriale Erzählhaltung vor, die allerdings immer wieder durch Passagen personalen Erzählens unterbrochen wird. So erleben wir das Geschehen aus dem Blickwinkel von Klaus, Ingrid, Jürgen, seinem Bruder Günter, von Dr. Kollmorgen, Sedenbohm und Jürgens Mutter, Frau Petersen, was zumindest im Ansatz für eine manchmal **verwirrende Mehrstimmigkeit** sorgt:

> „Und abermals befand er für unangenehm dass Klaus neuerlich Mittag für Mittag in Bedenken versunken nach Hause kam; man hatte gar nichts von ihm." (aus der Perspektive Günters, S. 33)

> „Er war sehr alt in dieser Weise von Stehen und Sehen, er war auch sehr allein. Wenn er sich vorbeugte, konnte er auf die Schulstrasse sehen." (aus der Perspektive von Herrn Sedenbohm, S. 181)

> „Da sah Ingrid auf und lächelte flüchtig zu Jürgen hinunter mit ihren grauen Augen: verstehst du? Ja, er verstand wohl. Aber wollten sie jetzt nicht weitergehen?" (aus der Perspektive Jürgens, S. 23)

> „Ingrid sass an Katinas Schreibtisch und breitete viele Hefte und Bücher aus. So. Jetzt war es achtzehn Uhr dreissig." (aus Ingrids Perspektive, S. 55)

---

28 Vgl. etwa Stanzel.

3.6 Stil und Sprache

Manche Stellen im Text wirken, als seien sie von einem Mitschüler der Hauptfiguren beobachtet und erzählt. Dadurch wird eine Vertrautheit mit der Welt erzeugt, die Ingrid und Klaus am Ende des Romans werden verlassen müssen.[29] Gerade die **Schülerperspektive** verwendet der Autor auch, um die Welt der Schule bzw. der Erwachsenen einer kritischen Betrachtung zu unterziehen und in ihrer ganzen Verlogenheit darzustellen. Der Tonfall ist dabei oft ironisch gefärbt, etwa wenn es über die parteikonforme Deutschlehrerin Frau Behrens heißt: „In all diesem Betrieb schritt einsam Das Blonde Gift auf und ab, Nachdenklichkeit darstellend und Aufsicht führend" (S. 93); oder wenn von Direktor Siebmanns besonderer Würde die Rede ist: „Dies und alles tat er auf eine würdige Weise, und solche Würde war lustig anzusehen." (S. 87)

Ironische Schülerperspektive

So wie Johnson ständig, mitunter abrupt, die Erzählperspektive wechselt und damit eine klare Identifikation des Lesers mit einer einzigen Figur verhindert[30], so unterbricht er auch immer wieder die direkte Rede – oft sogar innerhalb eines Dialogs –, um in der indirekten Rede fortzufahren:

Wechsel von direkter und indirekter Rede

> „– Ich finde das sehr unerfreulich: sagte Ingrid, sie sprach plötzlich wieder mit ihrer natürlichen Stimme. – Ach Katina: sagte sie. / Katina fragte erstaunt: ob es wegen der Schularbeiten sei?" (S. 58)

Andere Beispiele für diese Art der Dialogführung sind etwa das Gespräch zwischen Klaus und dem Goldschmied Wollenberg (S. 28) und die Diskussion auf der FDJ-Sitzung über den Vorfall mit Elisabeth Rehfelde (S. 53). Die mehrfachen Brüche im Gesprächsfluss

---

29 Vgl. Krellner, S. 22.
30 Vgl. Leuchtenberger, *Wer erzählt*, S. 93.

3.6 Stil und Sprache

zeigen den Dialog nicht in seinem natürlichen Lauf, sondern weisen ihn als „ein Produkt ästhetischer Gestaltung"[31] aus. Oftmals gibt der Erzähler auch Dialoge in der indirekten Rede wider, wenn diese als im Niederdeutsch geführt zu denken sind[32], wie beispielsweise die folgende Unterhaltung zwischen Klaus und Frau Petersen:

> „ob sie denn Jürgen nicht das Recht zugestehen wolle etwas zu glauben. – Öwer Se glöben sche ok nich dor an. – Dat's woll anners bi mi: gab Klaus zu, und sie hatte an seiner Stimme gehört dass er lächelte: Das sei nun sein Recht." (S. 71 f.)

Verwendung des Niederdeutschen

Im Allgemeinen stellt das Niederdeutsche oder auch Plattdeutsche bei Johnson eine Alternative zur offiziellen vorgestanzten, politisch instrumentalisierten Sprache dar. Es signalisiert zwischenmenschliche Kommunikation, Nähe und gegenseitiges Verstehen selbst zwischen Personen, die sich – wie Klaus und Frau Petersen – eigentlich nicht nahestehen. In anderen Fällen setzt Johnson den regionalen Dialekt ein, um eine ironische Distanzierung seiner Figuren von Ereignissen anzuzeigen, die ihnen missfallen, z. B.: „– Ja-o: sagte Klaus als sei er vergnügt, – Pius is'n orntlichen Minschen: sagte er nicht ohne begütigendes Grinsen." (S. 149)

Hang zum Wortkargen, Lakonischen, Fragmentarischen

Eine weitere stilistische Besonderheit Johnsons ist der Hang zum Beiläufigen, Lakonischen. Der Autor macht keine großen Worte, wichtige Informationen teilt er eher nebenbei, sozusagen im Vorübergehen mit. Bereits **der erste Satz**, der mit „Andererseits" beginnt, führt ohne Umschweife mitten ins Romangeschehen und verzichtet auf jede Erklärungen. Die Figuren Klaus und Ingrid werden kommentarlos eingeführt, nur aufgrund verstreuter Hinweise

---

31 Ebd., S. 90.
32 Vgl. Scheuermann, S. 69.

3.6 Stil und Sprache

(„Der Zug hielt der Polizei wegen zwischen Zäunen in einem weiten nebligen Flachland", „Die Kontrolle billigte das Schriftstück", „Wann hat Mecklenburg eigentlich aufgehört?" S. 9 f.) kann der Leser erahnen, dass die beiden sich auf der Flucht aus der DDR befinden. Mit dem lapidaren Hinweis „Klaus indessen konnte mehr als nur seinen Namen schreiben" (S. 9) teilt uns der Autor nebenbei ein wichtiges Faktum mit, nämlich dass Klaus die Ausreisedokumente gefälscht hat. Ähnlich rätselhaft erscheint zunächst der kursiv gedruckte Abschnitt zu Beginn des zweiten Kapitels, in dem Klaus und Ingrid den Westberliner Zoo besuchen. Hier kündigt sich bereits das Thema des schmerzhaften Heimatverlusts an: „sie (...) würden anderes umwechseln müssen als Geld" (S. 68). Ingrid ist beim Anblick des naiv-verspielten jungen Bären offensichtlich traurig, sie lächelt nur „mit ihren Zähnen" (S. 67) und muss tief einatmen, um die Tränen zurückzuhalten. Klaus tröstet sie: „Das lernt sich". Erst wenn man nach der Lektüre des ganzen Romans weiß, dass die beiden ihre geliebte Heimat, ihre soziales Umfeld verlassen mussten und der kapitalistischen Lebensweise im Westen eher skeptisch gegenüber stehen, erklärt sich die Passage.

Auch viele andere Kapitel verzichten auf eine Einleitung und beginnen mit einem „und" oder „aber", also eigentlich mitten im Satz:

„Und jetzt kam die Klingel (...)" (S. 23)
„Aber Ingrid kauerte (...)" (S. 118)
„Und der Morgen stand hoch und klar (...)" (S. 204)
„Aber Ingrid war schon lange wach." (S. 246)

Die bewusste Aussparung bzw. **spätere Nachlieferung von Informationen**, das Sprunghafte, Fragmentarische, das Johnsons Prosa insgesamt kennzeichnet, zeigt sich auch schon im frühen Ingrid-

Bewusst verletzte Kommunikationsregeln

3.6 Stil und Sprache

Roman. Auf diese Weise verletzt der Erzähler die grundlegenden Regeln der Kommunikation und **schafft Leerräume, die der Leser gedanklich ausfüllen muss**. Gleichzeitig erzeugt er aber auch vertraute Intimität mit dem Leser, indem er ihn immer wieder direkt anspricht:

> „Dann fiel ihm auf dass dieser Bleistift jetzt zum – warten Sie mal: achten Male abgebrochen war" (S. 19)
> „Siehst du: da schwimmen sie (...)" (S. 50)
> „An seinem Lächeln sahst du dass (...)" (S. 152).

Poetische, fast manierierte Prosa

Neigt Johnson einerseits zum Wortkargen, Lakonischen, so hat seine Prosa andererseits etwas überbordend Poetisches, mitunter fast Manieriertes. Auffällig sind die **häufigen Personifizierungen** – z. B. „die Guitarre schrie heftig" (S. 121), „die Heizung erbrach ein letztes Geräusch" (S. 172), „Überall warf eine Klassentür nach der anderen Lärm auf die Flure" (S. 23), „die Klingel räusperte sich heiser" (S. 191) –, die dem Text wie auch das wiederholte biblische „Siehe" – „Siehe, er sah aus wie blass" (S. 149), „siehe wie aufrecht sie stand" (S. 235) – einen dramatischen, expressionistischen Charakter verleihen. Auch die teils zu einem Wort verbundenen Adjektive und Substantive sowie Wortneuschöpfungen tragen zum poetischen Grundton bei, der sich in seiner betonten Sinnlichkeit klar von der ebenso abstrakt-nüchternen wie phrasenhaften Sprache der politischen Propaganda absetzt:

> „Über lauter blühenden Obstbäumen türmte sich der Dom grob und trockenrot in die Stille." (S. 230)
> „hinter ihnen wiegt sich weissstrahlend die Squit vor dunkelheiterem Baumgrün" (S. 50 f.)
> „das Blütengeflirr der Bäume" (S. 228)

3.6 Stil und Sprache

„mit ihrer herzstockenden Ingridschönheit" (S. 40)
„Brigitts Haare waren gnidderschwarz" (S. 94).

Der poetische Grundton wird zusätzlich verstärkt durch Metaphern und Motive. Durch das Namensschild der Familie Petersen etwa geht ein Riss – ein Hinweis auf das zerrüttete Verhältnis zwischen Jürgen und seiner Mutter. Als Ingrid nach ihrer Rede mit Herrn Sedenbohm nach Hause geht, legt die Sonne die Schatten der beiden „näher zusammen als sie gingen" (S. 182), womit Johnson die Solidarität des alten Lehrers mit seiner Schülerin unterstreicht. Und wenn im Radio der Song *Going' outside* gespielt wird, ist die Anspielung auf die unmittelbar bevorstehende Flucht leicht zu erkennen. Auch das Wetter im Roman spiegelt die Dramaturgie des Geschehens wider: So entlädt sich die drückende Schwüle der vorangegangenen Tage nach der Rede Ingrids und kurz vor ihrer Flucht in den Westen in einem heftigen Gewitter.

Metaphern und Motive

Sprachlich ist *Ingrid Babendererde* gekennzeichnet durch eine eigenwillige Syntax, Orthografie und Interpunktion. Schon in seinem Erstling entwickelt Johnson den für sein ganzes Werk typischen parataktischen Erzählstil, der in einer Aneinanderreihung selbstständiger Hauptsätzen besteht:

Parataktischer Erzählstil

„der Bahnhof Rostock hatte Platzkarten verkauft und in Teterow wurden die Laufgänge mit Koffern und Fahrgästen verstopft vorgefunden." (S. 9)

„Klaus roch den schnellen kühlen Wind, die Wellen lärmten gegen den Bootsleib und die Pfähle des Stegs, das dürre Schilfrohr rieb sich knisternd aneinander." (S. 39)

3.6 Stil und Sprache

„So sagte Pius dieses und die ihn anhörten fürchteten dass er jenes wolle. Sie konnten seit langem die Bedeutung der Worte nicht mehr übersehen, sie waren also bedacht wenig gesagt zu haben." (S. 145)

Oftmals fehlen Kommata, auf Anführungszeichen verzichtet der Autor ganz und setzt stattdessen einen Doppelpunkt:

„– Ja-a: sagte Dieter zögernd.
– Also du hast sie provoziert: fuhr Jürgen gleichmütig fort." (S. 53)

Imitation des Mündlichen

Solche Dialoge imitieren das Mündliche, Umgangssprachliche; sie sind nah an der gesprochenen Sprache, wie auch die Akzentuierungen in der abhackten Redeweise Direktor Siebmanns verdeutlichen:

„Würden Sie bitte. Hierherkommen!" (S. 172)
„Und darum sei er. So enttäuscht. Verstehst du. Abgesehen davon. Dass das Ansehen der Partei. Schwer gelitten habe! Dadurch. Dass einer ihrer – aktivsten Vertreter. SichplötzlichgegendieLiniederParteigewendethabe!" (S. 221)
„Und – ich – sage – dir (sagte Pius): wenn hinter euch. Etwas steckt –. Sowerdenwiresschonfinden!!" (S. 226).

Widersprüchliche Beschreibungen

Ein weiteres stilistisches Merkmal des Ingrid-Romans sind in sich widersprüchliche Beschreibungen. Der Kontrast als Kompositionsprinzip des Romans, das **Einerseits-Andererseits-Muster** wirkt hier bis in den einzelnen Satz fort:

„mit seiner behutsamen Frechheit" (S. 60)
„Er war schäbig angezogen und mit Sorgfalt" (S. 76)

3.6 Stil und Sprache

„sie hatten eine grosse Wut auf ihn, sie mochten ihn leiden" (S. 133).

Dem realistischen Anspruch Johnsons entsprechend finden sich in *Ingrid Babendererde* immer wieder DDR-typische Ausdrücke und Wendungen, zumeist aus dem Umfeld von SED und FDJ.[33] Diese werden aber stets mit Ironie verwandt, um die Distanz des Erzählers zu der offiziellen Parteipolitik zu demonstrieren:

<small>DDR-typische Ausdrücke und Wendungen</small>

> „Auf dem Flur waren bedeutende Vorbereitungen getroffen worden anlässlich des Empfangs für den allseitig verehrten Direktor der Gustav Adolf-Oberschule." (S. 137)

„Bedeutend" und „allseitig" waren in der offiziellen Sprache der DDR häufige Adjektive mit einem leicht pathetischen Nebenklang, die hier vom Erzähler ironisch gebrochen werden.

> „Und Ähnst berichtete mit ebensolcher Aussprache über die grossartige Umgestaltung, die die Natur erfahren hatte in der Sowjetunion." (S. 16)

Auch das Adjektiv „großartig" wurde im Zusammenhang mit der Sowjetunion mit pathetischem Unterton gebraucht. Durch seine unterschwellig ironische Verwendung hebt Johnson das Pathetische sozusagen aus den Angeln und distanziert sich zugleich von der herrschenden politischen Lehre.

Manche Begriffe aus dem nationalsozialistischen Wortschatz wurden in der Frühzeit der DDR ungebrochen weiterverwendet. Johnson setzt sie bewusst ein, um die **Kontinuität zwischen al-**

<small>Nationalsozialistischer Wortschatz</small>

---

33 Zu den folgenden Ausführungen vgl. Schroeter, S. 193 f. und 205 f.

3.6 Stil und Sprache

ter und neuer Herrschaft anzuzeigen. Indem er beispielsweise vom „Ausschluss aus der Schulgemeinschaft" spricht, weckt er Assoziationen an die NS-Wendung „Ausschluss aus der Volksgemeinschaft". Auch die abwertenden Bezeichnungen „Volksfeinde" (S. 141; als solche bezeichnet Direktor Siebmann die Mitglieder der Jungen Gemeinde) und „Schädling" (S. 21 über den Lehrer „Ähnst", der die Ideologie des Klassenkampfes ablehnt) entstammen dem nationalsozialistischen Sprachgebrauch. Johnson kritisiert damit indirekt die „Fortsetzung des Totalitarismus der NS-Zeit mit anderen Vorzeichen".[34]

---

34 Mecklenburg, S. 159.

3.7 Interpretationsansätze

> **ZUSAMMENFASSUNG**
>
> Wir bieten einen Überblick über die neuere Forschung zu *Ingrid Babendererde* und gehen dabei besonders ein auf:
> → den Konflikt zwischen Staat und Individuum, zwischen der regionalen Gemeinschaft und der Gesellschaft,
> → die Tradition des Schul- und des Heimatromans, der hier in neuem, zeitkritischem Gewand erscheint,
> → Johnsons Sprachkritik als Ideologiekritik.

An *Ingrid Babendererde*, das mag bei der Thematik des Romans kaum überraschen, konzentrieren sich die meisten Interpreten zunächst auf die politische Aussage des Romans und seine Kritik am DDR-Regime. Interessant erscheint dabei, dass Johnson hier sehr hellsichtig den Konflikt zwischen Staat und Individuum in der sozialistischen Diktatur beschreibt, wie **Norbert Gansel** betont. Nach seiner Ansicht macht Johnsons Erstling bereits in den fünfziger Jahren den Unterschied zwischen

Konflikt zwischen Staat und Individuum

> „der DDR als ‚*Staat*‘, also seinen Institutionen (Schule, Armee, FDJ, Gerichte, Staatssicherheit), den Gesetzen, den Regeln einerseits, und dem, was man als ‚*Gesellschaft*‘ andererseits bezeichnen kann, den Beziehungen zwischen Menschen, dem Leben in der Familie, im Freundeskreis, im Betrieb. Mit ‚Gesellschaft‘ ist jener ‚soziale Nahbereich‘ gemeint, der es dem Einzelnen ermöglicht, eigene Entscheidungen unabhängig von der Politik zu treffen."[35]

---

35 Gansel, *Von Kindheit*, S. 133.

3.7 Interpretationsansätze

In diesem sozialen Nahbereich, so Gansel, im kleinen, überschaubaren Raum, habe der Einzelne in der staatssozialistischen Diktatur durchaus „Macht- wie Regelungskompetenzen" besessen. Das erkläre etwa, warum der Polizist Heini Holtz, eigentlich ein Vertreter des Staates, Ingrid gegen ihren Verfolger von der Staatssicherheit in Schutz nehmen und diesen sogar als „kleine(n) Spitzel" beschimpfen könne. Auch führe Johnson in seinem Roman die in den frühen fünfziger Jahren einsetzende „Politisierung des Privaten" in der DDR vor Augen, die bis in die achtziger Jahre angehalten habe. Die durchaus legitime Suche der Jugendlichen nach dem eigenen Ich sei unter den realsozialistischen Bedingungen als „nicht normal" eingestuft worden.[36]

„Reifeprüfung"

Gleichzeitig kehre Johnson den Begriff der „Reifeprüfung" ironisch um: „Für Anpassung, mangelnde Zivilcourage und Gesinnungsterror wird staatlicherseits die Reife bestätigt, für moralische Lauterkeit und politische Wahrhaftigkeit wird eben diese aberkannt."[37] Die Paradoxie des Schlusses erkennt Gansel darin, dass jene Figuren, die das verkörpern, was die sozialistische Utopie zu sein vorgibt, weggehen müssen. „Sie verlassen ihre Heimat nicht, weil der Westen für sie eine Alternative darstellt, sondern weil sie im Osten nicht mehr leben können."[38]

Die Frage nach dem „richtigen" Leben

In eine ähnliche Richtung argumentiert der Johnson-Biograf **Sven Hanuschek**, der in *Ingrid Babendererde* „letztlich die Frage nach dem ‚richtigen' Leben" gestellt sieht. Der Roman handle davon, wie sich „aufrechtes, kritisches Verhalten noch gegenüber staatlichem Terror verwirklichen" lasse. Die Frage bleibe letztlich offen: Alle drei Varianten – der offene Protest von Ingrid, die gemein-

---

36 Vgl. ebd.
37 Gansel, *es sei EINFACH*, S. 65.
38 Ebd.

3.7 Interpretationsansätze

same Ausreise mit Klaus wie auch Jürgens Entschluss dazubleiben, um den Sozialismus von innen heraus zu verbessern – seien dem Autor gleich gültig, „seine Leser müssen sich selbst dazu verhalten".[39] Es sei erstaunlich, so Hanuschek, wie souverän der damals erst 22-jährige Autor ästhetische Prinzipien entwickelt, eigensinnig nach „politischer Wahrheit und Utopie" gesucht und jeder Figur eigenes Recht zugebilligt habe.[40]

Andere Literaturforscher ordnen den Roman dem Genre des Schulromans in der Tradition von Franz Wedekind, Thomas Mann und Hermann Hesse zu, in dem die Gesellschaft bzw. die Schule als deren ausführendes Organ den Einzelnen beschädige und den Schüler in seiner Individualität unterdrücke. Doch nicht Lernprobleme oder sadistische Lehrer, an denen die Schüler im traditionellen Schulroman oftmals zerbrächen, sondern von außen in die Schule hineingetragene politische Konflikte stünden im Ingrid-Roman im Vordergrund. Das Verhältnis zwischen Schülern und Lehrern – einmal abgesehen von Direktor Siebmann als Repräsentant der Partei – wirke dagegen sehr entspannt, der Umgang der Schüler untereinander ist von Freundschaft und Hilfsbereitschaft geprägt.

Tradition des Schulromans

Was die überwiegend noch einem „bürgerlichen" Milieu entstammenden Lehrer und ihre Schüler gleichermaßen erdulden müssen, ist eine „Vermischung von Sach-Information und politischer Phrase"[41], eine zwanghafte Politisierung selbst noch des naturwissenschaftlichen Lernstoffs. Wie andere Interpreten auch betont **Rainer Benjamin Hoppe** bei diesem Aspekt das biografische Moment: Zuerst an der von den Nationalsozialisten kontrollierten Deutschen Heimschule in Kosten, kurz darauf dann an der John-

---
39 Hanuschek, S. 17 f.
40 Vgl. ebd., S. 18.
41 Hoppe, S. 197.

3.7 Interpretationsansätze

Brinckman-Oberschule, habe Johnson die „Aufhebung von Objektivität schlechthin" erlebt. Die aufeinanderfolgenden diktatorischen Regime hätten Fakten zur „jeweils politisch gewünschten Version von Wirklichkeit, ganz im Sinne der herrschenden Ideologie" verändert. „Die gesellschaftliche Notwendigkeit der Lüge wurde für den jungen Johnson zur existenziellen Grund-Erfahrung".[42] Johnson selbst schildert in seiner Poetik-Vorlesung *Begleitumstände*, er habe erlebt, „wie man Sprache falsch benutzen kann, sogar mit dem Vorsatz zu betrügen"[43], was zu einer tiefen Sprachskepsis führte.

Sprachkritik als Ideologiekritik

Johnsons Sprachkritik als Ideologiekritik hebt auch **Norbert Mecklenburg** hervor. Für ihn stellt *Ingrid Babendererde*

> „einen bemerkenswerten, im Kontext der frühen DDR-Literatur gesehen singulären Versuch dar, die Widersprüche von Sprache, Ideologie und Wirklichkeit im stalinistischen System erzählerisch vorzuführen."[44]

Zeit- und Heimatroman

Zugleich sieht der Literaturwissenschaftler *Ingrid Babendererde* in der Tradition des Zeitromans „im Gewand des Heimatromans, das hier jedoch überraschend neu wirkt".[45] Der regionale Bezug lasse sich in topografischen Angaben erkennen sowie in der Beschwörung einer bestimmten Landschaft, in der Darstellung von Provinz und Kleinstadt und vor allem in der Verwendung des Plattdeutschen bzw. Niederdeutschen, das deutlich anzeige, „wer zur regionalen Gemeinschaft gehört und wer zur Gesellschaft draußen".

---

42 Ebd., S. 192.
43 Johnson, *Begleitumstände*, S. 54.
44 Mecklenburg, S. 169.
45 Ebd., S. 148.

3.7 Interpretationsansätze

Die Vertrautheit der Figuren mit dem Niederdeutschen „symbolisiert ein ungebrochenes Verhältnis zur Region, während das zum Staat in die Krise gerät". Die Hauptfunktion der liebevoll gezeichneten, sinnlich wahrgenommenen Landschaft sei es, „einen Gegen-Raum zu entwerfen, in dem Klaus, Ingrid, z. T. auch Jürgen das suchen und finden, was ihnen Schule und Gesellschaft vorenthalten: Freiheit und Lebensfreude".[46] Die landschaftliche Natur, so Mecklenburg, werde „geradezu hymnisch beschworen mit den Elementen Wasser, Land, Sonne und Wind, denen man sich hingeben und so der eigenen elementaren Lebensbedingungen innewerden kann". Zugleich erkennt auch er im Ingrid-Roman die Tendenz, „die Kleinstadt als kleine, geschlossene Welt darzustellen, unter Abschneidung aller Wege nach draußen".[47] Gerade die Illusion von der Provinz als eines isolierten, von der übrigen DDR unter dem Stalinismus abgeschnittenen Mikrokosmos aber kennzeichne die Gattung des Heimatromans. Dadurch, dass er Ingrids und Klaus' Flucht an den Anfang gestellt habe, zeige Johnson die als Idylle gepriesene Heimat immer wieder als etwas Bedrohtes, Hinfälliges.

Bei aller Kritik am System der DDR stellt Johnson den Westen nicht als wirkliche Alternative dar. Im Gegenteil: Die Ankunft der beiden Schüler in Westberlin geht eindeutig mit Verlorenheit und Desorientierung einher. Mit dem zwiespältigen Verhältnis Johnsons zum Westen, das insbesondere in den kursiv gedruckten Passagen zum Ausdruck kommt, befasst sich **Ulrich Krellner**. Die Szene im Berliner Zoo, in der Klaus und Ingrid einen Bären beobachten, interpretiert er als „Allegorie auf die Anpassungsprobleme"[48], die die

Zwiespältiges Verhältnis zum Westen

---
46 Ebd., S. 173 f.
47 Ebd., S. 176
48 Krellner, S. 38.

3.7 Interpretationsansätze

beiden in Zukunft bewältigen müssen. Auch die dritte Kursivpassage, in der Ingrid „mitten in der Nacht" (S. 121) orientierungslos in einer fremden Wohnung aufwacht, deutet er in diesem Sinne:

> „Die Unübersichtlichkeit ihrer Lage signalisiert, dass das chronologische und räumliche Koordinatensystem, das die Erzählung in den numerierten (!) Kapiteln für die Mecklenburger Herkunftswelt entworfen hat, seit der Flucht nach Berlin zusammengebrochen ist. Zur vertrauten Seite der Welt gibt es für Klaus und Ingrid keine Brücke mehr. Fremd und beziehungslos bewegen sie sich in einer Gesellschaft, die sie nicht verstehen und innerlich ablehnen."[49]

Die neugewonnene Freiheit, so resümiert Krellner, stelle für Klaus und Ingrid „eher ein Problem als eine Chance dar". Dabei bleibe das Bild des Westens holzschnittartig, während die Erinnerung an die Herkunftswelt latent nostalgisch verklärt wird. Damit bestätigt er die frühe Einschätzung des damaligen Suhrkamp-Lektors Siegfried Unseld, der eine Hauptschwäche des Romans in der undifferenzierten Darstellung Westdeutschlands sah (vgl. S. 108 dieser Erläuterung).

---

49 Ebd., S. 38 f.

4. REZEPTIONSGESCHICHTE

ZUSAMMEN-FASSUNG

Johnsons Debütroman erschien 1985 nach dem Tod des Autors mit einer Verspätung von über dreißig Jahren. Die Kritiken waren überwiegend positiv, es gab aber auch wenige negative Rezensionen, die vor allem den Regionalismus und Antimodernismus ebenso wie die manierierte Sprache des Romans bemängelten.

Nachdem Johnsons *Ingrid Babendererde* 1985, ein Jahr nach des Autors Tod, erschienen war, gingen die Meinungen über das Buch auseinander. In den Feuilletons deutscher Zeitungen gab es zwar auch Verrisse, doch die positiven Reaktionen überwogen. Viele Kritiker bescheinigten dem Frühwerk eine hohe ästhetische Qualität und sprachliche Originalität. **Reinhard Baumgart** urteilte, wie später die *Mutmassungen* und die *Jahrestage* verbinde der Ingrid-Roman „Alltag und Weltgeschichte, Natur und Gesellschaft, Lebenspraxis und politische() Ideologie"[50]. Und der bekannte Literaturkritiker **Joachim Kaiser** meinte: „dieser Erstling war erstklassig."[51]

Positive und negative Rezensionen

Auch **Siegfried Unseld**, damals Lektor, inzwischen Chef des Suhrkamp-Verlages, revidierte im Nachwort zu dem Roman sein zunächst negatives Urteil: Leser könnten dieses Buch „als die erste literarische Chronik begrüßen, die den unübersehbaren Prozess des Auseinanderlebens der Menschen in den beiden geteilten deutschen Staaten schildert".[52] Rückblickend nannte er das Buch gar

---
50 Zitiert nach: Gansel, *es sei EINFACH*, S. 50.
51 Ebd.
52 Unseld, S. 262.

in einem Atemzug mit den Werken von Marcel Proust und James Joyce, die ebenfalls auf die Einheit der Figuren, auf durchschaubare Geschichten und Vorgänge und eindeutige psychologische Begründungen verzichtet hätten.[53]

Negative Rezensionen dagegen bemängelten vor allem den Regionalismus, aber auch die biedere Betulichkeit, den nostalgischen Antimodernismus und die Verklärung der intimen Gemeinschaft gegenüber der angeblich kalten Gesellschaft in *Ingrid Babendererde*. Besonders harsch urteilte die Kritikerin **Sibylle Cramer**, die dem Frühwerk in ihrer Besprechung in der „Frankfurter Rundschau" insgesamt eine „verspätete Erzählkunst" vorwarf.[54]

Zwiespältig dagegen fiel das Urteil von **Tilman Jens** im „Spiegel" aus. Zwar erkannte der Kritiker in *Ingrid Babendererde* eine „Talentprobe eines jungen Schriftstellers" und lobte den kühnen, unkonventionellen Stil. Zugleich aber monierte er „das Unreife, das oft Peinliche in diesem Text", den „altertümelnde(n) Kitsch" und „manieristische(n) Schwulst". Da sei ein Autor noch auf der Suche nach seinem Stil, resümierte Jens, und er mutmaßte, wäre der Roman in den fünfziger Jahren von einem Verlag veröffentlicht worden, so wäre die Rezeption des gesamten Werkes Johnsons anders verlaufen. Dieser mittelmäßige Roman, befand der Kritiker, hätte Johnson Entree in die literarische Welt wahrscheinlich eher geschadet als genutzt.[55]

---

53 Vgl. ebd., S. 260.
54 Vgl. Mecklenburg, S. 147.
55 Vgl. Jens.

5. MATERIALIEN

Im Rahmen seiner unter dem Titel *Begleitumstände* 1980 veröffentlichten Frankfurter Poetik-Vorlesung schildert Johnson ausführlich, wie die Auseinandersetzung um die Junge Gemeinde ihn zum Schreiben des Romans anregte, wie er das Manuskript immer wieder umarbeitete und zahlreiche Absagen von Verlagen erhielt. Darin zitiert er auch eine längere Passage aus dem FDJ-Presseorgan „Junge Welt" vom April 1953.

Persönliche Äußerungen Johnsons in Begleitumstände

„Es erweist sich, dass die heuchlerisch mit christlichem Schein verbrämte ‚Junge Gemeinde' direkt durch die in Westdeutschland und vorwiegend in Westberlin stationierten amerikanischen Agenten- und Spionagezentralen angeleitet wird. Der christliche Glaube vieler junger Menschen wird durch eine geschickt aufgebaute religiöse Staffage missbraucht, um sie unter Vorspiegelung angeblich kirchlicher Betätigung nicht nur gegen die Deutsche Demokratische Republik aufzuhetzen, sondern auch zu feindlichen Handlungen, die schweren Strafen unterliegen, aufzuwiegeln."[56]

In den *Begleitumständen* beschreibt Johnson weiter, wie ihn das Thema packte und nicht mehr losließ:

„So bekam jemand seine ureigene Sache, seinen persönlichen Handel mit der Republik, seinen Streit mit der Welt darüber, wann etwas Wahrheit ist und bis wann eine Wahrheit eine Bestrafung verdient. Da ihm verwehrt ist, dies öffentlich auszutragen, wird er es schriftlich tun."[57]

---

[56] Johnson, *Begleitumstände*, S. 62.
[57] Ebd. S. 69.

Der Einfluss Thomas Manns	Welch großen Einfluss der Dichter Thomas Mann auf ihn ausübte, hat Johnson selbst ebenfalls in den *Begleitumständen* wie auch bei der Entgegennahme des Thomas-Mann-Preises in Lübeck 1979 erzählt.

Bernd Neumann hat als erster nachgewiesen, wie deutlich die Figur Ingrids von Ingeborg Holm aus Manns Erzählung *Tonio Kröger* (1903) geprägt ist.[58] Auf Parallelen zwischen vielen Textstellen, etwa den folgenden, weist Uwe Neumann hin:[59]

Passage aus Thomas Manns *Tonio Kröger*	„Die blonde Inge, Ingeborg Holm, Doktor Holms Tochter, (...) sie war's, die Tonio Kröger liebte, als er sechzehn Jahre alt war. / Wie geschah das? Er hatte sie tausendmal gesehen; an einem Abend jedoch sah er sie in einer gewissen Beleuchtung, sah, wie sie im Gespräch mit einer Freundin auf eine gewisse übermütige Weise lachend den Kopf zur Seite warf, auf eine gewisse Art ihre Hand, eine gar nicht besonders schmale, gar nicht besonders feine Kleinmädchenhand zum Hinterkopfe führte, wobei der weiße Gazeärmel von ihrem Ellenbogen zurückglitt, hörte, wie sie ein Wort, ein gleichgültiges Wort, auf eine gewisse Art betonte, wobei ein warmes Klingen in ihrer Stimme war (...)."[60]

Und bei Johnson heißt es:

„Jürgen war drei Stufen vor ihr. Er stieg gleichmütig und ratlos tiefer, er sah zu Ingrid zurück und verwunderte sich in all seiner Gleichgültigkeit: wer war die eigentlich. Ja um Gottes willen, er kannte sie nun ziemlich lange, er hatte sie sogar einmal geküsst,

---

58 Vgl. Bernd Neumann, S. 175 ff.
59 Vgl. Uwe Neumann, S. 35.
60 Mann, S. 310.

wer weiss wie das vorkommen konnte, – aber jetzt war es doch wohl unglaublich anzusehen wie sie dastand in all dem Sonnenstaub und die Mappe schaukeln liess an ihrer Hand." (S. 23)

So wie Tonio sich nicht erklären kann, wie seine Liebe zu Ingeborg entstanden ist, so weiß auch Jürgen nicht, „wie das vorkommen konnte". So wie Tonio Ingeborg schon tausend Mal gesehen hat, so kennt auch Jürgen Ingrid schon lange. Und so wie bei jenem löst auch bei diesem eine banale Geste, eine gewisse Beleuchtung seine Liebe zu der weiblichen Hauptfigur aus. Ähnlich auffällige Parallelen finden sich etwa in der Darstellung des befreienden Gefühls nach Schulschluss und an vielen weiteren Stellen, so dass Neumann von einem „fein gesponnenen Netz von intertextuellen Bezügen zwischen Manns Novelle und Johnsons Roman, vor allem in der ersten Fassung", spricht.[61]

Nach mehrfacher Umarbeitung der Urfassung schickte Johnson das Manuskript 1956 an verschiedene Verlage in der DDR. Im Ostberliner Aufbau-Verlag gingen die Meinungen darüber auseinander:

Kritik der Verlage

„Von allen eingesandten Manuskripten, die ich in den letzten Jahren gelesen haben, ist dies mit Abstand das beste. (…) Mit seiner Kritik will [der Autor] aufbauen und Missstände beseitigen",

urteilte der Lektor Herbert Nachbar, zog das Manuskript aber nach der Kritik seines Cheflektors Max Schroder wieder zurück:

---

61 Vgl. Uwe Neumann, S. 35 f.

> „Die Geschichte läppert so dahin, verkrampft im Avantgardismus à la Weyrauch, steril und durch ihre Sterilität arrogant wirkend. Typischer Fall von ‚Westkrankheit', als solcher interessant. Autor braucht eine Gehirnwäsche. Als Talentprobe nicht von besonderem Belang."[62]

Für den Frankfurter Suhrkamp Verlag bemängelte dessen damaliger Cheflektor Siegfried Unseld unter anderem das undifferenzierte Bild des Westens in *Ingrid Babendererde*:

> „Ich wehrte mich gegen die Voreingenommenheit der jungen Flüchtlinge, die mit ihren 18 Jahren nach West-Berlin übersiedelten, schon wissend, dass ‚sie umstiegen in jene Lebensweise, die sie ansehen für die falsche'. Ich konnte den Sinn dieser Flucht, zumindest damals, nicht erkennen, und ich hatte auch Einwände gegen das extrem stilisierte, eher vom ‚Neuen Deutschland' [parteitreue Zeitung in der DDR, M. L.] übernommene als an der Wirklichkeit gemessene Wissen von kapitalistischen Lebensformen."[63]

Selbstkritik

Auch Johnson selbst hatte – allerdings eher im Hinblick auf die Form – rückblickend einiges an seinem Erstlingsroman auszusetzen:

> „Die Phasen der so erzählten Geschichte waren zu oft zerstückelt, umgestellt, verlangsamt, beschleunigt, überhaupt bearbeitet worden. Da waren Dialoge einer Sprechergruppe umgesetzt auf eine ganz andere Konstellation, Schauplätze waren ausgewechselt wie

---

[62] Beide Zitate zitiert nach: Leuchtenberger, *Uwe Johnson*, S. 23.
[63] Unseld, S. 259.

beliebig, sogar hatten Personen die Namen getauscht. Nun mochte die Geschichte funktionieren, aber sie hatte das Leben verloren. Sie war ‚totgeschrieben'."[64]

---

[64] Johnson, *Begleitumstände*, S. 88.

6. PRÜFUNGSAUFGABEN MIT MUSTERLÖSUNGEN

Unter www.königserläuterungen.de/download finden Sie im Internet zwei weitere Aufgaben mit Musterlösungen.

Die Zahl der Sternchen bezeichnet das Anforderungsniveau der jeweiligen Aufgabe.

Aufgabe 1 **

Analysieren und interpretieren Sie das erste Kapitel vor dem Hintergrund der Kontraste Kleinstadt und Staat, regionale Gemeinschaft und Gesellschaft, die den ganzen Roman durchziehen.

Mögliche Lösung in knapper Fassung:

ANALYSE

Das erste Kapitel von Uwe Johnsons Roman *Ingrid Babendererde* führt den Leser mitten hinein ins Geschehen. Nachdem er in der ersten kursiv gedruckten Passage, die dem ersten Kapitel vorangestellt ist, vage Informationen erhalten hat, dass eine gewisse Ingrid und ein gewisser Klaus mit dem Zug nach Westberlin aus der DDR geflohen sind, erfährt er nun in einer langen Rückblende, die die eigentliche Romanhandlung ausmacht, wie es zu der Flucht der beiden gekommen ist. Bereits der erste Satz des Kapitels verdeutlicht die auf Gegensatzpaaren und Kontrasten sich gründende Struktur des ganzen Romans. „Einerseits kam am Dienstag kurz vor Mittag ein langes graues Motorboot auf dem Fluss aus dem kühlen Weitendorfer Wald unter der Sonne" (S. 11). Das „Einerseits" bezieht sich auf das „Andererseits", mit dem die vorangegangene kursiv gedruckte Passage begann. Gleich am Anfang des Romans wird damit deutlich, dass die Geschichte, die Johnson hier zu erzählen beabsichtigt, keine einfache, linear zu erzählende Geschichte ist, sondern in sich Brüche und Widersprüche aufweist. Darauf weist auch der Wechsel der Erzählperspektive gleich im ersten Absatz hin. Die gleichförmige Schilderung der idyllischen Landschaft wird abrupt durch eine Einlassung des Erzählers unterbrochen, der sich mit einer Erklärung an den Leser wendet: „Knicks sind Buschhecken, die eigentlich den Zaun ersetzen sollen" (S. 11).

Der folgende Abschnitt ist von dem Kontrast zwischen Technik und Natur geprägt: Das voraneilende lange graue motorisierte Boot wirkt in der farbigen, freundlichen und weitgeschwungenen Landschaft, über der sich „im tiefen Blau" (S. 11) des Himmels kleine runde Wolken räkeln, wie ein Fremdkörper. Allein dadurch, dass es – anders als Klaus' Segelboot – einen Motor besitzt und „seinen ebenmässigen scharfen Lärm auf dem Fluss" (S. 11) zieht und „gewaltsam" Kielwellen aufquellen lässt, passt es nicht in die beschauliche, ruhige, idyllisch wirkende Seenlandschaft, ja es stört die Ruhe und den Frieden, den das Bild dieser Landschaft ausströmt.

Dieser erste Eindruck verfestigt sich, wenn man weiterliest. Wie zuvor die Natur wird auch der Schleusenjunge Günter, der gerade seine Arbeit „mit grosser Andacht" ausführt, durch die Ankunft des Bootes, das, wie wir nebenbei erfahren, ein Polizeiboot ist, gestört. Doch das Bedrohliche, das die Erwähnung der Staatsgewalt suggeriert, wird sofort wieder zurückgenommen. Der Polizist Heini Holtz liegt auf dem Boot und raucht, sein Kollege Franz lehnt locker am Steuer und will „es alles mit der Ruhe angehen lassen" (S. 12). Zwischen den beiden Polizisten und Günter entspinnt sich ein Dialog in einem freundlichen, vertrauten Ton. Als Günter fragt, ob sie noch eine halbe Stunde warten können, bis die „Schwanhavel" komme und er ohnehin die Schleuse öffnen müsse, ist es der dritte Mann auf dem Boot, der zur Eile drängt. Der Fremde, der in die Kleinstadt gekommen ist, „um dort einen verlassenen Hof zu beschlagnahmen" (S. 13), also im Zuge der sozialistischen Landreform in der frühen DDR Privatbesitz in eine staatliche Genossenschaft zu überführen, wird nicht namentlich vorgestellt, sondern nur das „Finanzamt" genannt. Während zu Beginn des Kapitels noch das Boot als Fremdkörper in der Naturidylle erschien, verläuft die Trennlinie nun zwischen den eingesessenen Bewohnern der Kleinstadt und dem von außen gekommenen Staatsvertreter. Die Zugehörigkeit der beiden Polizisten zu der Stadtgemeinschaft wird dadurch unterstrichen, dass sie sich auf Plattdeutsch mit Günters Tante, Frau Niebuhr, unterhalten.

INTERPRETATION

Die einleitende Szene weist bereits auf den zentralen Konflikt von *Ingrid Babendererde* voraus, nämlich die Auseinandersetzung zwischen der Staatsmacht und der Gemeinschaft der Kleinstadt. Sie führt deutlich vor Augen, dass es Johnson in seinem Roman nicht um eine platte Gegenüberstellung – hier der böse Staat, dort die guten Bürger – geht. Die beiden Polizisten – eigentlich Repräsentanten des Staates – sind entgegen aller Klischees freundlich, sie lachen, scherzen und sprechen den Dialekt, der sie als Teil der Gemeinschaft ausweist. Nicht von ihnen geht die Bedrohung aus, sondern von dem anonymen Dritten, der nur in seiner Funktion als Amts- („das Finanzamt") (S. 15), Hemd- und Schlipsträger („würgte ein Band unter seinen Hemdkragen und verknotete das vorn mit grosser Kraft") (S. 15), nicht aber als Mensch mit einem Namen und Gesicht vorgestellt wird. Die Trennlinie in der damals noch jungen DDR verläuft also nach Johnsons Darstellung zwischen der anonymen, gesichtslosen Staatsgewalt und den vertrauten Kleinstadtfiguren, zwischen regionaler Gemeinschaft und der Gesellschaft draußen.

| 4 REZEPTIONS-GESCHICHTE | 5 MATERIALIEN | 6 PRÜFUNGS-AUFGABEN |

Aufgabe 2 **

Analysieren und interpretieren Sie Ingrid Babendererdes Rede (S. 173–175) vor der Schulversammlung.

Mögliche Lösung in knapper Fassung:

Ingrid Babendererdes Rede zählt zu den zentralen Textstellen des Romans. Sie stellt die Ursache für den Schulausschluss und die anschließende Flucht der Schülerin aus der DDR dar. Im Unterschied zu den meisten Dialogen in dem Roman, die zwischen direkter und indirekter Rede wechseln, ist Ingrids Diskussionsbeitrag vollständig in der direkten Rede wiedergegeben.

Nach dem Willen Direktor Siebmanns soll Ingrid einen Diskussionsbeitrag auf der Schulversammlung liefern, die wegen der Auseinandersetzung der FDJ mit der Jungen Gemeinde einberufen worden ist. Ingrids Klassenkameradin Elisabeth Rehfelde, Mitglied der Jungen Gemeinde, hat einem anderen Schüler und Funktionär der staatlichen Jugendorganisation FDJ ihren FDJ-Mitgliedsausweis vor die Füße geworfen, nachdem dieser der kirchlichen Jugendorganisation Spionagetätigkeit für den Westen unterstellt hat. Die Schulleitung fordert nun Elisabeths Ausschluss von der Schule. Auf einer Versammlung, bei der alle Schüler und Lehrer der Gustav Adolf-Oberschule anwesend sein müssen, soll darüber abgestimmt werden.

Ihre Rede in der Aula hält Ingrid frei, und, das wird betont, ohne einen Zettel in der Hand. Am Anfang stockt sie noch ein bisschen und sagt, sie wisse nicht so gut Bescheid über die Junge Gemeinde wie Herr Siebmann, sie könne dazu also nichts sagen. Stattdessen beginnt sie über die Hosen ihrer Klassenkameradin Eva Mau zu sprechen. Eva, so erzählt sie, sei nach den Sommerferien mit neuen Hosen in die Schule gekommen, die sie in Westberlin gekauft hatte

ANALYSE

und die alle sehr schön fanden. Direktor Siebmann aber verbot ihr, die Hosen zu tragen. Er fand sie „nicht passend; schliesslich sind wir eine demokratische Oberschule" (S. 174), und ließ keine Diskussionen mehr darüber zu: „so ist es, und es ist gut so" (S. 174). Ingrid fordert nun, Eva Mau müsse die Hosen tragen dürfen, die sie tragen wolle, und wem es nicht gefalle, der solle wegsehen. Schließlich könnten nicht alle Herrn Siebmanns Anzug tragen. Vom Fall Eva kommt Ingrid übergangslos zum Fall Peter Beetz, der das Abzeichen der kirchlichen Gemeinde nicht tragen darf. Jeder solle die Abzeichen tragen dürfen, die er wolle, schließlich, so gibt sie zu denken, indem sie Siebmann ironisch zitiert, führten ja ohnehin „alle Wege zum Kommunismus" (S. 174).

INTERPRETATION

Ingrid befasst sich in ihrer betont schlichten Rede auf den ersten Blick mit Äußerlichkeiten, statt wie gefordert grundsätzlicher „Über die Junge Gemeinde Und Die Rechte der Kirche" (S. 174) zu sprechen. Mit keinem Wort erwähnt sie den Fall Elisabeth Rehfelde und den Kirchenkampf. Unpolitisch ist die Rede dennoch nicht – im Gegenteil. Indem Ingrid eben nicht über die Auseinandersetzung zwischen Kirche und Staat in der jungen DDR spricht, sondern zwei scheinbar harmlose Fälle aus dem Alltag der Schüler herausgreift, führt sie ihren Zuhörern vor Augen, was die Unterdrückung von Meinungsäußerungen konkret bedeutet und wie der Staat durch Verbote, die scheinbar nur Äußerlichkeiten betreffen, tatsächlich massiv in das Leben jedes Einzelnen eingreift. Die Freiheit jedes Einzelnen besteht eben darin, über die Wahl der Kleidungsstücke, Abzeichen oder Bücher selbst entscheiden zu können. Dass Ingrid in ihrer kurzen Rede an diese auf den ersten Blick banale Wahrheit erinnert, macht deren ungeheure Wirkung aus. In den Äußerungen Siebmanns als Vertreter der Partei und des Staates ist der Begriff Demokratie zu einer leeren Floskel verkommen („demokratische Oberschule"), ja seines ursprünglichen Sinnes beraubt und in sein Gegenteil verkehrt worden, nämlich im Sinne von „parteilinienkonform", „sozialistisch". Entgegen der Politik der SED und der Jugendorganisation FDJ, die möglichst alle Jugendlichen auf eine politische Linie bringen will, betont Ingrid das Recht jedes einzelnen Menschen auf Individualität. In ihrer Rede wird klar, was zur Demokratie wesentlich dazugehört, nämlich die Freiheit des Einzelnen sich zu kleiden, wie man will, und seine Meinung etwa durch Abzeichen kundzutun, auch wenn es der Obrigkeit oder der Mehrheit der Bevölkerung nicht passt. Dass sie den Anzug Direktor Siebmanns erwähnt („Wir können ja wohl nicht alle Herrn Siebmanns Anzug tragen", S. 174) und damit neben Evas Hosen und Peters Abzeichen eine weitere „Äußerlichkeit" ins Spiel bringt, ist keineswegs nebensächlich. Auch an anderer Stelle im Roman war bereits die Rede von dem „soliden Anzug" (S. 163) mit Schlips, gegen den der Direktor nach seiner Beförderung das blaue Hemd der FDJ eingetauscht habe. Der Anzug des sich stets kumpelhaft gebenden, für die Rechte der Proletarier kämpfenden Lehrers symbolisiert die Kluft zwischen Anspruch und Wirklichkeit des Sozialismus. Pius, wie er auch genannt wird, predigt Konsumverzicht, selbst aber trägt er zum Verdruss seiner Schüler einen feinen Anzug und bewohnt trotz der „notdürftigen Wohnverhältnisse in der Stadt" (S. 163) eine Villa. Er gibt vor, die Schüler nach dem DDR-Bildungsideal zu verantwortungsbewusst handelnden Menschen erziehen zu wollen, unterdrückt aber die Meinungen Andersdenkender.

Abseits aller hohen sozialistischen Ideale richtet Ingrid in ihrer betont unideologischen Rede den Blick auf die Wirklichkeit. Johnson betont das in einer kleinen Szene unmittelbar vor Ingrids entscheidendem Auftritt: Ihr Freund Jürgen beobachtet, wie sein Nebenmann mit Bleistift auf ein Papier „baben der Erde" (S. 173) schreibt, was auf Niederdeutsch „der Erde verhaftet", „auf dem Boden stehend" bedeutet. Schon der Name deutet eine wesentliche

Charaktereigenschaft Ingrids an: ihre Bodenständigkeit. Politisch engagiert ist Ingrid nicht, sie geht gerne tanzen und auf Feten und verbringt ihre Nachmittage am See und auf dem Segelboot ihres Freundes Klaus, statt über Politik zu diskutieren. Und doch spürt sie schneller als der spöttische Klaus, der die ganze Veranstaltung in der Aula als lächerlich abtut und lieber segeln geht, dass sie auf den Eingriff des Staates in ihr Leben reagieren muss: „es braucht mich nichts anzugehen, geht mich aber" (S. 149). So unpolitisch sie sich gibt, handelt Ingrid jenseits aller ideologischen Phrasen doch als politisches Wesen, indem sie öffentlich ihren Standpunkt vertritt und dafür einen Schulverweis und „einen Knoten in ihrem Lebenslauf" (S. 213) in Kauf nimmt.

Aufgabe 3 ***

Diskutieren Sie anhand der zweiten und dritten Kursivpassage (S. 67–68 und S. 121–122) Ingrids und Klaus' Verhältnis zum Westen.

Mögliche Lösung in knapper Fassung:

Die zweite Kursivpassage im Roman *Ingrid Babendererde* handelt von Ingrids und Klaus' Ankunft in Westberlin. Nachdem die beiden ihr Geld umgetauscht haben, „gerieten sie in den Zoologischen Garten" (S. 67) – der Ausdruck „gerieten" deutet hier bereits eine gewisse Ziellosigkeit und Orientierungslosigkeit an. Vor dem Bärenfelsen bleiben sie lange sitzen und beobachten die Bären, die kleine Kunststücke vollführen und die Zuschauer um Zuckerstücke anbetteln. Besonders fällt ihnen der jüngste Bär auf, der „das Betteln betrieb als ein neues noch nicht begriffenes Spiel" (S. 67). Ingrid ist vom Anblick des kleinen Bären, der noch nicht begriffen hat, wie man bettelt, fasziniert und bewegt. Klaus, der das bemerkt, tröstet sie mit den Worten „Das lernt sich" (S. 67). Dass Ingrid daraufhin um Fassung ringt und kaum sprechen kann („und war ausgefüllt von einem unmässigen Einatmen, nickend antwortete sie: Ja ...: sagte sie", S. 68), weist auf die Doppeldeutigkeit dieser Szene. Klaus meint nicht nur, das Betteln der Bären ließe sich erlernen. Beide Schüler denken, ohne es auszusprechen, zugleich an die neue Lebensform, die sie als Flüchtlinge aus dem Osten in Westdeutschland werden erlernen müssen. Der folgende Satz „Aber sie hatten mehr mit sich und würden anderes umwechseln müssen als Geld" (S. 68) spricht sogar noch deutlicher die Anpassungsprobleme in dem neuen gesellschaftlichen System an, die die beiden erwarten. Statt ihre „Reifeprüfung" abzulegen, sind die beiden aus der stalinistisch indoktrinierten DDR geflüchtet und haben damit wirkliche Reife gezeigt. Doch damit haben sie nicht nur unwiederbringlich ihre geliebte Heimat verloren, sondern auch das soziale und politische System, in dem sie aufgewachsen sind und mit dem sie sich bei aller Kritik an einzelnen Repräsentanten der Partei und des Staates identifiziert haben. Das westliche, in der DDR als „kapitalistisch" bezeichnete System lehnen die beiden ab, was noch deutlicher in der dritten Kursivpassage ausgesprochen wird.

Zu Beginn des dritten Kapitels wacht Ingrid „mitten in der Nacht" (S. 121) in einer fremden Wohnung auf. Der Leser erfährt nicht, ob es sich dabei um die unmittelbar auf den Fluchttag folgende Nacht handelt oder ob dazwischen einige Tage vergangen sind. Ingrid selbst wirkt desorientiert, weiß nicht, wie die Straße heißt, in der die Wohnung liegt. Im Folgenden wird nun deutlich, dass Ingrid und Klaus bei einem ehemaligen Klassenkameraden, Jochen Schmidt, der vor zwei Jahren selbst in den Westen geflohen ist, untergekommen sind. Viel zu sagen haben sie sich offensichtlich nicht („und am Ende war da nicht viel zu reden", S. 121), ihre Lebensweisen und

Ansichten haben sich auseinanderentwickelt. Das zeigt sich auch in der Diskussion zwischen Klaus und Jochen, der Ingrid aus dem Nebenzimmer zuhört. Jochen spielt auf seiner Gitarre den Spiritual *Let my people go*, in dem Gott Moses befiehlt, zum Pharao zu gehen und die Freilassung der Israeliten aus ägyptischer Gefangenschaft zu fordern. Die Parallele zu der Forderung, die in der DDR gewissermaßen eingesperrten Bürger freizulassen, klingt hier deutlich, fast zu deutlich an. Klaus dagegen kritisiert Jochens „neuerliche Freiheit", sie „sei seit Jahrhunderten eingeübt und überliefert, er merke gar nicht mehr was daran sei." (S. 122) Seine eigene Freiheit, die er durch die Flucht aufgegeben hat, sei noch „jünger und knirsche also noch in den Gelenken", sie werde aber nicht die Fehler, die in den „bürgerlichen Jahrhunderten" gemacht wurden, wiederholen (S. 122). Gerade durch die Verwendung des Wortes „bürgerlich", das im DDR-Jargon abwertend als Synonym für „kapitalistisch", „reaktionär" verwendet wird, zeigt Klaus, dass er die sozialistischen Ideale der frühen DDR durchaus teilt und mit der „kapitalistischen" Ideologie des Westens nichts anfangen kann.

Die kursiv gedruckten Passagen stehen formal wie inhaltlich in deutlichem Kontrast zu den normal gedruckten Passagen von *Ingrid Babendererde*. Sie beleuchten schlaglichtartig die Situation der beiden Schüler auf der Flucht bzw. nach ihrer Ankunft im Westen und entwerfen nur ein skizzen- und klischeehaftes Bild von Westberlin. Dagegen beschreibt der in normalem Schriftbild gedruckte Text in aller Breite das Leben in der mecklenburgischen Heimat in den Tagen vor der Flucht. Während die in Mecklenburg spielende Handlung immer wieder aus Sicht verschiedener Figuren dargestellt wird, wodurch eine Vertrautheit des Lesers mit dieser Welt entsteht, herrscht in den kursiv gedruckten Passagen eine kühle Außenperspektive vor, die Distanz erzeugt. Allein durch solche erzähltechnischen Mittel deutet Johnson das distanzierte Verhältnis

| 4 REZEPTIONS- | 5 MATERIALIEN | 6 PRÜFUNGS- |
| GESCHICHTE | | AUFGABEN |

der beiden Flüchtlinge zum Westen und ihre tiefe Verbundenheit zu ihrer Heimat, der DDR, an. Sie bewegen sich wie Fremde in dieser neuen Welt und Gesellschaft, die sie eigentlich ablehnen; jede Verbindung zu ihrer alten mecklenburgischen Heimat ist abgerissen, es gibt kein Zurück mehr.

Aufgabe 4 **

> Klaus und Jürgen verkörpern jeweils unterschiedliche Arten, mit der Unterdrückung und Bevormundung in der DDR umzugehen. Beschreiben Sie diese Positionen und interpretieren Sie von daher Ingrids Haltung.

Mögliche Lösung in knapper Fassung:
Klaus und Jürgen sind die beiden männlichen Hauptfiguren in *Ingrid Babendererde*. Seit ihrer Grundschulzeit sind sie eng miteinander befreundet. Beide sind in Ingrid verliebt. Nachdem Klaus und Ingrid ein Liebespaar geworden sind, fühlt sich Jürgen zeitweise ausgeschlossen. Doch auch aufgrund ihrer politischen Differenzen haben sich Klaus und Jürgen voneinander entfernt. Klaus hat sich anfangs noch in der FDJ, dem offiziellen Jugendverband in der DDR, engagiert. Seitdem der parteikonforme Lehrer Robert Siebmann zum Schulleiter bestimmt wurde und die Schule mit rigiden, diktatorischen Maßnahmen regiert, hat sich Klaus jedoch aus der politischen Arbeit vollkommen zurückgezogen. Seine Nachmittage verbringt er lieber in der Natur und auf seinem Segelboot als auf FDJ-Versammlungen. Als sich der Konflikt um die Junge Gemeinde zuspitzt und Ingrid ihn bittet, zur Schulkonferenz über den Ausschluss Elisabeth Rehfeldes mitzukommen, lehnt er es ab und zieht es vor, sich in die Natur zurückzuziehen: „Und dieser alberne Betrieb von Parlament und Verfassungsbruch. Lieben Ingrid komm

BESCHREIBUNG

mit segeln. Da ist doch Wind, das riechst du doch, riechst du das nicht?" (S. 149)

Klaus' Rückzug aus der Politik ist nicht auf Desinteresse, sondern vielmehr auf Enttäuschung zurückzuführen. In der Schule erlebt er, wie Lerninhalte mit politischer Propaganda vermischt werden. Der ideologische Sprachmissbrauch, die hohlen Phrasen der Partei und seiner Lehrer, haben in Klaus eine tiefe Sprachskepsis ausgelöst. Die „Notwendigkeit vielen Redens" (S. 156) ist ihm unangenehm, er zweifelt an der Wahrhaftigkeit jeglicher sprachlicher Äußerungen. Seine Worte sind „unzuverlässig geworden" (S. 170). Seine eigene Sprechweise ist von Ironie und dem „vielfältigen Spott, mit dem er seine Gedanken verknotete" (S. 169), geprägt. Für die Lehrer, „denen nichts einfällt als dass sie ihr Brot nicht verlieren wollen" (S. 149), hat er nur Verachtung übrig. Seine Kritik am System übt er eher indirekt, etwa wenn er im Deutschunterricht Brechts ironisch-spöttische Antwort auf Schillers Ballade *Die Bürgschaft* vorträgt (S. 98 f.) oder im Lateinunterricht eine Satire auf die DDR schreibt (S. 178 f.).

Im Unterschied zu Klaus glaubt Jürgen noch an die Sache und ist überzeugt, dass der Sozialismus den richtigen Weg darstellt. Allein die Umsetzung missfällt ihm. Anders als sein Freund zieht er sich nicht zurück und versteckt sich nicht hinter ironischen Sprüchen, sondern bezieht direkt Stellung. So fordert er etwa in der FDJ-Versammlung ohne Umschweife, Elisabeth Rehfelde ihren FDJ-Ausweis zurückzugeben. Im Zwiegespräch mit dem Direktor, dessen sozialistischen Ideale er teilt, wirft er diesem mutig Verfassungsbruch vor und fordert Meinungs- und Religionsfreiheit (S. 226). Jürgen gehört auch zu den 17 Schülern, die öffentlich gegen einen Schulausschluss Ingrids stimmen (S. 182). Er unterstützt die beiden Freunde tatkräftig bei ihrer Flucht in den Westen, für ihn selbst stellt diese allerdings keine Option dar. Trotz allem hält er an seinen sozialistischen Idealen fest und bleibt in der DDR, um das sozialistische System von innen heraus zu verändern und dazu beizutragen, dass es menschlicher, demokratischer, gerechter wird.

INTERPRETATION

Klaus' und Jürgens unterschiedliche Haltungen – einerseits Rückzug aus der Politik und Flucht in den Westen, andererseits politisches Engagement, um den Sozialismus zu verbessern und menschlicher zu gestalten – werden von Uwe Johnson ohne eindeutige Wertung als zwei mögliche Alternativen des Protestes und Widerstandes nebeneinandergestellt. Weder verurteilt er Klaus' Weggehen, noch lobt er ausdrücklich Jürgens Entschluss, in der DDR zu bleiben. Ingrid nimmt zwischen beiden eine Mittelposition ein: Zum einen vermittelt sie zwischen den beiden Freunden, nachdem sie im Englischunterricht über den Konflikt der FDJ und der Jungen Gemeinde gestritten haben. Zum anderen verbindet sie in ihrer Person beide Haltungen: Wie Klaus geht sie zwar lieber Segeln, und sie vergnügt sich gerne beim Tanzen und auf Feten, doch wenn ihre Meinung gefragt ist, zieht sie sich nicht zurück, sondern äußert – wie Jürgen – öffentlich Protest. Doch in dieser Situation, in der der Staat direkt in ihr Leben eingreift, können sie sich nicht mehr zurückziehen, sondern müssen reagieren – in Ingrids Worten: „es braucht mich nichts anzugehen, geht mich aber" (S. 149). Dass Ingrid und Klaus dafür ihr Abitur aufs Spiel setzen und den Verlust ihrer Familie, ihres sozialen Umfelds und ihrer Heimat in Kauf nehmen, zeichnet die beiden als reife, entschlussfähige und verantwortungsbewusste Persönlichkeiten aus. Mögen sie – das deutet bereits der doppeldeutige Titel an – an der Schule ihr Abitur auch nicht abgelegt haben, ihre wirkliche, das Leben betreffende Reifeprüfung haben sie bestanden.

LITERATUR

Zitierte Ausgabe:
Johnson, Uwe: *Ingrid Babendererde. Reifeprüfung 1953.* Mit einem Nachwort von Siegfried Unseld. Frankfurt am Main: Suhrkamp, 12. Aufl. 2013 [1985].

Primärliteratur:
Johnson, Uwe: *Begleitumstände. Frankfurter Vorlesungen.* Frankfurt am Main: Suhrkamp, 1986.
Johnson, Uwe: *Mutmassungen über Jakob.* Roman. Frankfurt am Main: Suhrkamp, 1992.
Johnson, Uwe: *Wenn Sie mich fragen …(Ein Vortrag).* In: Eberhard Fahlke (Hrsg.): „Ich überlege mir die Geschichte …". Uwe Johnson im Gespräch. Frankfurt am Main: Suhrkamp, 1988, S. 51–64.

Sekundärliteratur:
Baumgart, Reinhard: *Über Uwe Johnson.* Frankfurt am Main: Suhrkamp, 1970.
Gansel, Carsten: *„es sei EINFACH NICHT GUT SO". Uwe Johnsons „Ingrid Babendererde. Reifeprüfung 1953".* In: Text und Kritik, Heft 65,66/2001, 2. Auflage, Neufassung: Uwe Johnson, S. 50–68.
Gansel, Carsten: *Von Kindheit, Pop und Faserland – Junge deutsche Autoren und Uwe Johnson zwischen Nähe und Distanz.* In: Carsten Gansel/ Nicolai Riedel (Hrsg.): Internationales Uwe-Johnson-Forum. Beiträge zum Werkverständnis und Materialien zur Rezeptionsgeschichte. Bd. 9. Frankfurt am Main: Peter Lang, 2004, S. 129–155.

Hanuschek, Sven: *Uwe Johnson.* Berlin: Morgenbuch Verlag Volker Spiess, 1994 (Köpfe des 20. Jahrhunderts, Bd. 124).

Hoppe, Rainer Benjamin: *„Mangelhaft!" Uwe Johnsons Darstellung der DDR-Schule in den Romanen Ingrid Babendererde und Jahrestage (4. Band).* In: Johnson-Jahrbuch, Bd. 1/1994, S. 190–215.

Jens, Tilman: *Händchenhalten unterm Apfelbaum.* In: Der Spiegel, Heft 22/1985, S. 199 (http://www.spiegel.de/spiegel/print/d-13515284.html, Stand: April 2015).

Krellner, Ulrich: *„Was ich im Gedächtnis ertrage". Zum Erinnerungskonzept von Uwe Johnsons Erzählwerk.* Würzburg: Königshausen & Neumann, 2003.

Leuchtenberger, Katja: *Uwe Johnson.* Berlin: Suhrkamp, 2010 (Suhrkamp BasisBiographie).

Leuchtenberger, Katja: *„Wer erzählt, muß an alles denken". Erzählstrukturen und Strategien der Leserlenkung in den frühen Romanen Uwe Johnsons.* Göttingen: Vandenhoeck & Ruprecht, 2003.

Mecklenburg, Norbert: *Die Erzählkunst Uwe Johnsons. Jahrestage und andere Prosa.* Frankfurt am Main: Suhrkamp, 1997.

Neumann, Bernd: *Uwe Johnson.* Hamburg: Europäische Verlagsanstalt, 1994.

Neumann, Bernd: *Ingrid Babendererde als Ingeborg Holm. Über Uwe Johnsons ersten Roman.* In: Germanisch-Romanische Monatsschrift 37/1987, S. 218–226.

Neumann, Uwe: *Die ausgefallene Tanzstunde. Zu Uwe Johnsons Rezeption des Tonio Kröger in „Ingrid Babendererde".* In: Johnson Jahrbuch, Bd. 8/2001, S. 29–61.

Scheuermann, Barbara: *Zur Funktion des Niederdeutschen im Werk Uwe Johnsons: „in all de annin Saokn büssu hie nich me-i to Hus".* Göttingen: Vandenhoeck & Ruprecht, 1998.

Unseld, Siegfried: *Die Prüfung der Reife im Jahre 1953* [Nachwort]. In: Uwe Johnson: *Ingrid Babendererde. Reifeprüfung 1953*. Frankfurt am Main: Suhrkamp, 12. Aufl. 2013 [1985], S. 251–264.

Wunsch, Beate: *Studien zu Uwe Johnsons früher Erzählung „Ingrid Babendererde. Reifeprüfung 1953"*. Frankfurt am Main: Peter Lang, 1991.

Sonstige Literatur:

Thomas Mann: *Die Erzählungen.* Frankfurt am Main: Fischer Taschenbuch Verlag, 1986.

Übergreifende Darstellungen:

Kowalczuk, Ilko-Sascha: *17. Juni 1953.* München: C. H. Beck, 2013.

Schroeter, Sabina: *Die Sprache der DDR im Spiegel ihrer Literatur. Studien zum DDR-typischen Wortschatz.* Berlin: Walter de Gruyter, 1994.

Stanzel, Franz K.: *Theorie des Erzählens.* Göttingen: UTB, 1995.

Weber, Hermann: *Geschichte der DDR.* München: dtv, 1999 (erweiterte Neuausgabe).

Wentker, Hermann: *„Kirchenkampf" in der DDR. Der Konflikt um die Junge Gemeinde 1950–1953.* In: Vierteljahreshefte für Zeitgeschichte 42/1994, Heft 1, S. 95–127 (http://www.ifz-muenchen.de/heftarchiv/1994_1_4_wentker.pdf, Stand: April 2015).

Wolf, Birgit: *Sprache in der DDR. Ein Wörterbuch.* Berlin: Walter de Gruyter, 2000.

STICHWORTVERZEICHNIS

Arbeiter, Arbeiterklasse 39, 73, 81
Bachmann, Ingeborg 14–16
Berlin, Westberlin 6, 7, 14–16, 24, 31, 32, 41, 46, 91, 101, 102, 105, 108, 110, 113, 116, 118
Bloch, Ernst 29
Brecht, Bertolt 46, 58, 75, 120
bürgerlich 9, 32, 50, 55, 57, 61, 62, 118
DDR 6, 9, 10, 12–16, 18–22, 24, 27, 28, 38–40, 44, 46, 49, 55, 58, 59, 62–65, 68, 70–73, 75, 77, 80–84, 87, 91, 95, 97, 98, 100, 101, 107, 108, 110, 112–114, 117–121, 124
Demokratie, demokratisch 19, 20, 39, 56, 59, 62, 114, 115, 121
Die Bürgschaft 58, 74, 120
Dubček, Alexander 25
FDJ, Freie Deutsche Jugend 7, 8, 12, 13, 20–22, 27, 31, 34, 35, 37–40, 43, 57, 59, 61, 64, 71, 80, 82, 84, 89, 95, 97, 105, 113, 115, 119–121
Freiheit 32, 47, 75, 76, 84, 86, 101, 102, 114, 115, 118
Frisch, Max 15, 16
Gesellschaft 20, 54, 59, 64, 82, 97, 99, 100, 102–104, 110, 112, 119
Goethe, Johann Wolfgang von 69, 74
Grass, Günter 14, 15
Güstrow 11, 12, 46
Ideologie, ideologisch 12, 13, 24, 25, 32, 37, 40, 56, 57, 60, 62, 63, 82, 96, 100
Ideologiekritik 10, 97, 100
Ironie, ironisch 8, 25, 28, 57, 58, 75, 89, 90, 95, 98, 114, 120
Junge Gemeinde 13, 20, 21, 27, 31, 35, 37, 39, 41, 51, 56, 58, 61, 70, 73, 105, 113, 114, 119
Kapitalismus 60, 63
Kirchenkampf 18, 21, 22, 46, 114
Klassenfeind 57, 72, 81
Kleist, Heinrich von 82
Kommunismus, kommunistisch 63, 69, 77
Leipzig 13, 14, 29, 79
Mann, Thomas 28, 106, 107
Marx, Karl 63, 69, 83

Marxismus–Leninismus, marxistisch-leninistisch 12, 19, 37, 64, 65, 73
Meinungsfreiheit 27, 43, 84, 120
Meyer, Hans 13
Nationalsozialisten, nationalsozialistisch 34, 57, 58, 69, 95, 96, 99
Natur 8, 33, 47, 49, 52, 57, 95, 101, 103, 111, 119
Niederdeutsch 55, 90, 115
Ostberlin 107
Ostdeutschland 7
Osten 14, 20, 75, 98, 117
Plattdeutsch 47, 66, 112
Religionsfreiheit 43, 84, 120
Rostock 12, 13, 29, 93
SBZ (Sowjetische Besatzungszone) 65, 69, 75
Schiller, Friedrich 120
SED, Sozialistische Einheitspartei Deutschlands 7, 9, 13, 18, 20, 22, 26, 50, 65, 66, 73, 95, 115
sowjetisch 6, 11, 18, 22

Sowjetunion 18, 33, 64, 69, 81, 95
Sprachgebrauch 62, 96
Sprachkritik 10, 97, 100
Sprachmissbrauch 57, 120
Sprachskepsis 57, 100, 120
Stalin, Josef 6, 21, 22, 27, 60, 69, 75, 81
Stalinismus, stalinistisch 19, 22, 60, 69, 101, 117
Stasi, Staatssicherheitsdienst 24, 77
Suhrkamp, Peter 29
Thomas 54
Tonio Kröger 7, 26, 28, 54, 59, 106, 107
Ulbricht, Walter 18, 20
Unseld, Siegfried 30, 47, 102, 103, 108
Verfassung 27, 39, 43, 84
westdeutsch 7
Westdeutschland 7, 102, 105, 117
Westen 6, 8, 13, 15, 18, 19, 25, 31–34, 43, 45, 46, 54, 55, 59, 66, 91, 93, 98, 101, 113, 116–118, 120, 121

DIGITALES ZUSATZMATERIAL

Literarisch vernetzt! Über 600 Materialien online.

Neuerscheinungen, Aktionen, kostenlose Angebote und Infos rund um Literatur.

Melden Sie sich gleich an – es lohnt sich!*

- über **150 Gedichtinterpretationen** je 0,99 Euro
- über **200 Königs Erläuterungen** als PDF
- **Königs Erläuterungen** jetzt auch **als E-Book** für alle gängigen Lesegeräte, iPad und Kindle
- über **50 MP3** mit Audio-Inhaltszusammenfassungen zu gängigen Werken kostenlos!
+ über **150 kostenlose Abituraufgaben**
+ Anleitung „Wie interpretiere ich?" kostenlos!
+ Anleitung „Wie halte ich ein Referat?" kostenlos!
+ Literaturgeschichte von A-Z kostenlos!

Seien Sie immer aktuell informiert mit unserem **Newsletter** oder über unsere **Social-media-Plattformen**.

 Königs Erläuterungen   www.bange-verlag.de

* Sie erhalten max. 1 Newsletter monatlich!

www.königserläuterungen.de   **www.bange-verlag.de**

KÖNIGS LERNHILFEN

Das Standardwerk in Sachen Filmanalyse – jetzt aktualisiert und erweitert. Deutsch 9. – 12. /13. Klasse

Stefan Munaretto
Wie analysiere ich einen Film?
9.–12./13. Klasse und Studenten
im Grundstudium
ISBN: 978-3-8044-1588-1

Folgende Themenbereiche werden behandelt:
- Themen und Ideen
- Erzählung
- Montage
- Kamera
- Produktionsdesign
- Ton
- Genre
- Realismus
- Globalisierung
- Der Zuschauer
- Schauspiel

Mit Glossar und Filmregister

Die einzige Vorbereitung für alle Aufsatzthemen von der 10. Klasse bis zum Abitur – mit Kommentierungen und Musteraufsätzen.

Christine Frieps/Annett Richter
**Das große Aufsatzbuch -
von der 10. Klasse bis zum Abitur**
ISBN: 978-3-8044-1584-3

33 bewertete und kommentierte Musteraufsätze

Themen aus dem Inhalt:
- Problemerörterung
- Literarische Erörterung
- Argumentierendes Schreiben
- Sachtextanalyse
- Erschließung eines Erzähltextes
- Erschließung eines Dramentextes
- Gedichtinterpretation

www.bange-verlag.de